Die schönsten
Badeseen
in Baden-Württemberg

Badespaß im kühlen Nass –
Freizeitparadies Badesee

Anreise • Verkehrsverbindungen
Parkplätze • Bademöglichkeiten
Naturschutz • Sehenswürdigkeiten

Herausgegeben von
Emmerich Müller

Drei Brunnen Verlag Stuttgart

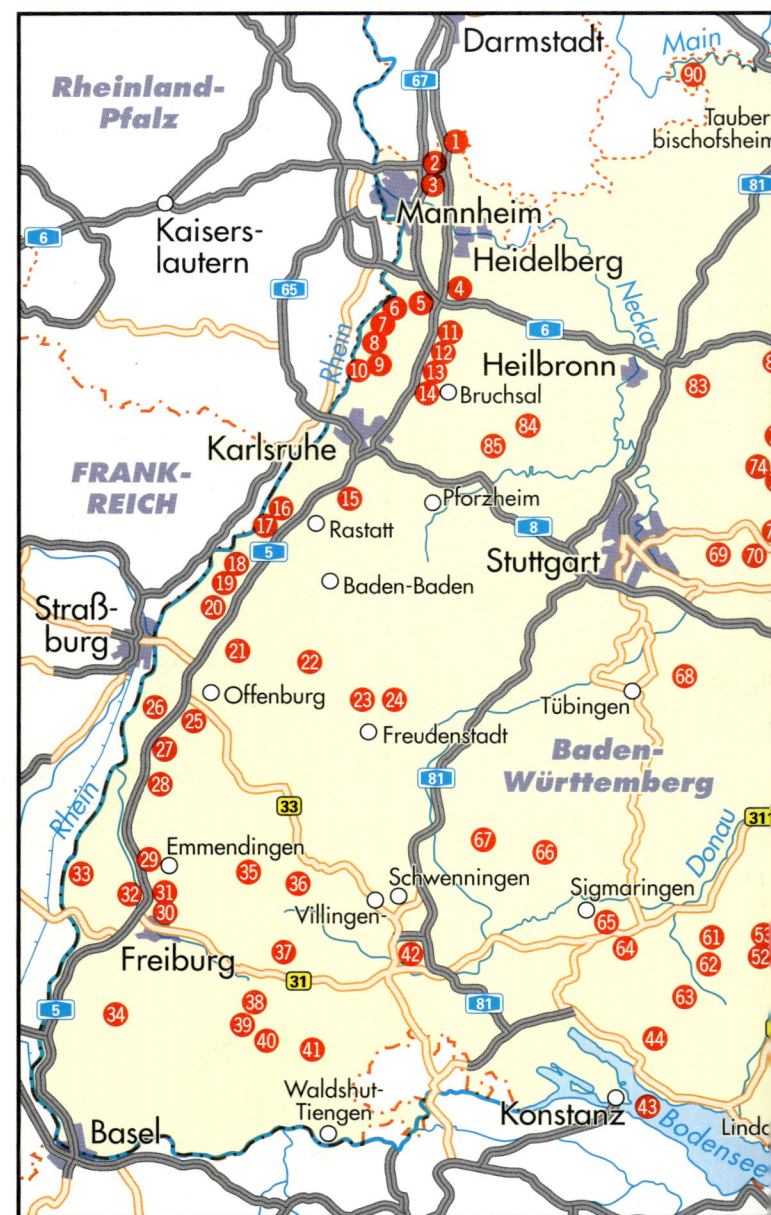

Inhalt

Ob am Wochenende, nach der Arbeit oder für daheimgebliebene Urlauber - der Ausflug an einen Badesee gehört zweifelsohne zu den beliebtesten Freizeitaktivitäten! Wer träumt an regenverhangenen Tagen oder an einem unerträglich heißen Sommertag im Büro nicht von einem Sprung ins erfrischende Nass.

Um Ihnen jeglichen Stress bei der Auswahl des Sees zu ersparen, gibt der handliche Badeseen-Führer allen Wasserratten und Sonnenhungrigen einen Überblick über die schönsten Badeseen in Baden-Württemberg.

Ein Schwerpunkt des Buches sind die bekannten, teilweise sehr gut besuchten Seen in der Oberrheinebene und in Oberschwaben, aber auch unbekanntere Bade-Regionen mit ihren attraktiven Seen und Naturfreibädern werden ausführlich vorgestellt. Natürlich finden auch beliebte Urlaubsregionen wie der Bodensee, der Schluchsee und der Titisee mit ihren reizvollen Strandbädern und Badeplätzen Erwähnung. Vom lebhaften Strandbad mit zahlreichen Freizeiteinrichtungen bis hin zum ruhigen Naturbadesee zum Entspannen und Erholen - jeder kann sich heraussuchen, was für ihn das Richtige ist.

Zu Beginn der einzelnen Seebeschreibungen werden allgemeine Angaben zur Lage, Größe und Art des Sees gemacht. Besonders praktisch sind die im Überblick dargestellten Informationen zu den direktesten Anfahrtsstrecken (auch mit öffentlichen Verkehrsmitteln) und Parkmöglichkeiten, bei denen natürlich Hinweise zu Parkgebühren, Parkplatzüberwachung sowie Abstellplätzen für Fahrräder nicht fehlen dürfen.

Die schönsten Badeplätze und Strandbäder an den Seen werden ausführlich beschrieben. Ob Baggersee, Natursee, Moorsee oder Stausee - jedes Gewässer hat seinen eigenen Reiz und wartet darauf, entdeckt zu werden! Angaben zu Eintritt und Öffnungszeiten geben dem Leser allgemeine Informationen über die Bäder. Dabei wurde auf eine exakte Preisangabe verzichtet, da sich diese von Saison zu Saison schnell ändern kann. Meist gibt es aber Ermäßigungen für Kinder und Jugendliche, aber auch Zehnerkarten können sich besonders für Familien lohnen. Darüber hinaus werden die Einrichtungen des Bades aufgeführt - beispielsweise ob man sich auf Stegen, Sprungbrettern, Rutschen und Badeinseln austoben kann.

Für alle, die nicht nur ein schattiges Plätzchen suchen, sondern auch sportlich aktiv werden wollen, bietet der handliche Führer Hinweise zu Sport- und Freizeitmöglichkeiten rund um den See. Neben Informationen zu vorhandenen Sportplätzen gibt das Buch beispielsweise Auskunft darüber, ob Surfbretter, Boote oder andere Sportgeräte gemietet werden können.

Da die Sicherheit beim Baden einen besonderen Stellenwert einnimmt, finden sich Angaben zur Betreuung durch DLRG, Wasserwacht, Rotes Kreuz u. ä. Insbesondere für Familien dürfte das Thema Sicherheit eine große Rolle spielen, und so wird im Führer auch angeführt, ob es einen abgeteilten Nichtschwimmerbereich gibt und ob der Uferbereich so flach abfällt, dass sich Kinder dort gefahrlos aufhalten können. Damit bei den kleinen Gästen keine Langeweile aufkommt, ist an den meisten Seen für Spielplätze und Spielgeräte im Wasser gesorgt. Der behindertengerechte Zugang zum Strandbad und zum See wird ebenfalls berücksichtigt.

5

Das Buch geht zudem darauf ein, ob am jeweiligen See sanitäre Anlagen wie Toiletten, Duschen und Umkleidekabinen vorhanden sind. Wer seinen Hund an den See mitbringen möchte, kann herausfinden, ob sein vierbeiniger Freund am Badestrand gerne gesehen ist.

Da auch das leibliche Wohl bei einem fröhlichen Badetag nicht zu kurz kommen sollte, dürfen Einkehrmöglichkeiten in der Umgebung sowie vorhandene Imbissbuden und Kioske nicht fehlen. Außerdem erfährt man, ob es Grillplätze gibt und ob man seinen eigenen Grill von zu Hause mitbringen darf.

Wer neben dem Badespaß auch etwas Kultur erleben möchte, wird bestimmt bei den Ausflugstipps fündig, die am Ende der allgemeinen Informationen angegeben sind.

An vielen Seen sind aus Naturschutzgründen oft Teile des Ufer- oder Seebereichs gesperrt. Um die Natur zu schonen, sollte man unbedingt die Angaben zu Sperrungen und andere umweltrelevante Aspekte beachten - schließlich soll das „Freizeitparadies Badesee" auch in Zukunft noch vielen Badefans und Sonnenhungrigen offenstehen!

Na, dann kann´s ja losgehen! Auf zum See und rein ins erfrischende Nass!

10 Tipps für ein sicheres Badevergnügen

1. Bevor man ins Wasser geht, sollte man sich unbedingt abkühlen! Außerdem sollte man das Wasser sofort verlassen, sobald man friert.
2. Niemals mit vollem oder ganz leerem Magen baden gehen!
3. Als Nichtschwimmer sollte man nur bis zur Brust ins Wasser gehen!
4. Einen Sprung ins Wasser sollte man nur wagen, wenn das Wasser frei und tief genug ist und die Sichttiefe mindestens 1 m beträgt! Unbekannte Ufer und sumpfige oder pflanzendurchwachsene Gewässer bergen viele Gefahren!
5. Die eigene Kraft und das eigene Können darf man niemals überschätzen! Also: Nicht allein und nicht zu weit hinausschwimmen!
6. Auch Rücksichtnahme gehört zu einem gelungenen Badetag. Besonders sollte man auf Kinder und ältere Badegäste, aber auch auf andere Wassersportler und bauliche Gegebenheiten (z. B. an Schleusen und Wehren) Acht geben.
7. Bei Gewitter ist Baden lebensgefährlich! Sobald Blitz und Donner heraufziehen, sollte man das Wasser verlassen.
8. So verlockend die bunten Spielzeuge sein mögen: Luftmatratzen, Autoschläuche und Gummitiere sind keine zuverlässigen Schwimmhilfen!
9. Damit auch die anderen Badegäste die schöne Umgebung genießen können: See und Ufer unbedingt sauber halten, d. h. Abfälle im Mülleimer entsorgen oder einpacken und mitnehmen!
10. Zu intensive Sonnenbäder sollte man meiden. Die Sonnencreme mit dem richtigen Lichtschutzfaktor gehört unbedingt in die Badetasche!

Hier kann man nicht nur die Seele baumeln lassen, sondern mit Gesundheitssport und Wassergymnastik auch etwas für den Körper tun!
- Baggersee: 15 ha
- Tiefe: bis 25 m
- Strandbad (Eintritt, ÖZ: 9-20 Uhr, Saison: Mitte Mai bis Mitte Sept.)

ℹ Hemsbach Information, 69502 Hemsbach, Tel: 06201/70726

Anfahrt - A 5 Karlsruhe - Darmstadt, AS Hemsbach. - Hemsbach liegt an der Bergstraße (B 3). - Busverbindung von Weinheim bzw. von Hemsbach/Stadtmitte.

Parken - Kostenlose, unbewachte ℗. Fahrradabstellplätze.

Badeplätze - Große Liegewiese. Rollstuhlgerechter Zugang zum See. DLRG-/DRK-Überwachung. Kein FKK.

Sport & Spaß - Angeln, Beach-Volleyball, Wassergymnastik, Gesundheitssport. Wanderweg rund um den See.

Kinder - Beheiztes Nichtschwimmerbecken. Spielplatz.

Essen & Trinken - Café.

Besonderheiten - Hundeverbot. Mitbringen eines eigenen Grills untersagt.

Sehenswertes in der Umgebung - Historische Altstadt Heidelberg mit Schloss. Weinheim. Kloster Lorsch. Wander- und Radwanderwege im Odenwald.

Ein Badetag an der frischen Luft in abwechslungsreicher Umgebung zwischen Feldern und Wald tut bekanntlich immer gut. Ergänzt durch das vielseitige Angebot an sportlichen Aktivitäten wie Wassergymnastik und Gesundheitssport rund um den See, wird ein Ausflug hierher zu einem kurzen Wellness-Urlaub. Wer schnellere Sportarten liebt, kann sich auf dem Beach-Volleyballfeld verausgaben. Für Kinder besser geeignet als der See, dessen Ufer nicht überall flach abfällt, ist das beheizte Nichtschwimmerbecken. Für die Sicherheit kleiner (und natürlich auch großer) Badegäste sorgt die Überwachung durch die DLRG bzw. das Rote Kreuz. Außerdem gibt es einen Spielplatz zum Klettern und Herumtollen. Eine kleine Stärkung zwischendurch bietet das Café am See an, wo man den Tag auch schön ausklingen lassen kann...

Über die Autobahn und die nahe Bergstraße bequem zu erreichen, liegt der Waidsee ruhig und idyllisch am Stadtrand von Weinheim.
- Baggersee: 30 ha
- Tiefe: bis 29 m
- Strandbad (Eintritt, ÖZ: Mai und September: täglich 10-19 Uhr; Juni bis Aug.: Mo.-Fr. 10-20 Uhr; Sa., So., Fei. 9-20 Uhr)

i Stadtverwaltung Weinheim, 69449 Weinheim, Tel: 06201/82-0

Anfahrt - A 5 Karlsruhe - Darmstadt, AS Hirschberg oder AB-Kreuz Weinheim. In Weinheim der Beschilderung nach Waid und Ofling folgen. - Busverbindung von Weinheim/Dürreplatz nach Waid/ Ofling.
Parken - Kostenlose, unbewachte **P**. Fahrradabstellplätze.
Badeplätze - Große Liegewiesen. Rollstuhlgerechter Zugang zum See. DLRG-Überwachung. Kein FKK.
Sport & Spaß - Segeln, Angeln, Surfen, Tauchen, Fußball, Volleyball, Tischtennis (Verleih von Schlägern und Bällen).

Kinder - Flach abfallendes Ufer. Spielplatz.
Essen & Trinken - Imbiss, Kiosk und weitere Einkehrmöglichkeiten.
Besonderheiten - Hundeverbot. Das Mitbringen eines eigenen Grills ist untersagt.
Sehenswertes in der Umgebung - Historische Altstadt Weinheim mit Gerberbachviertel und Schloss. Exotenwald mit Mammutbäumen. Schau- und Sichtungsgarten „Hermannshof". Burgruine Windeck und Wachenburg. Wanderwegenetz im Odenwald.

Die schöne Lage am Fuße der Odenwald-Hänge ist nur ein Pluspunkt des Waidsees und macht ihn zu einem beliebten Ausflugsziel von Badegästen aus nah und fern. Auf den weitläufigen Wiesen bietet sich auch bei großem Andrang an heißen Sommertagen ausreichend Platz. Im See kann man nicht nur ausgiebig schwimmen, sondern auch segeln, angeln, surfen und tauchen. Ergänzt wird dieses Sportangebot durch ein Fußball- und ein Volleyballfeld sowie durch Tischtennisplatten. Für einen komfortablen Badeaufenthalt sorgen sanitäre Anlagen und Umkleidekabinen, die ab der Saison 2002 auch für Rollstuhlfahrer zugänglich werden sollen. Am Seeufer wurde zwar kein gesonderter

Nichtschwimmerbereich geschaffen, aber der Badestrand fällt ohnehin so flach ab, dass sich Kinder dort gefahrlos aufhalten können. Gelegenheit zum Herumtoben nach Herzenslust bietet ihnen ein Spielplatz. Ein Kiosk, ein Imbiss und weitere Einkehrmöglichkeiten in der Nähe versorgen die Badegäste mit allem, was man für das leibliche Wohl an einem gelungenen Badetag braucht!

Der Heddesheimer Badesee lockt durch seine reizvolle Lage und vielfältige Sportmöglichkeiten.
- Baggersee: 17,5 ha
- Tiefe: bis 30 m
- Strandbad (Eintritt, ÖZ: täglich 8-20 Uhr)

ℹ️ Gemeinde Heddesheim,
68542 Heddesheim,
Tel: 06203/101-0

Anfahrt - A 6/A 67 Heilbronn - Frankfurt, am AB-Kreuz Mannheim oder am Viernheimer Kreuz nach Heddesheim. - A 5 Karlsruhe - Darmstadt, AS Hirschberg.
Parken - Kostenlose, unbewachte 🅿️. Fahrradabstellplätze.
Badeplätze - Große Liegewiese mit Sandstrand. Rollstuhlgerechter Zugang zum See. DLRG-Überwachung. Kein FKK.
Sport & Spaß - Angeln, Fußball, Tischtennis, Volleyball, Minigolf. Surfen nur für Vereinsmitglieder!
Kinder - Flacher Uferbereich. Nicht-schwimmer- und Planschbecken. Kleine Rutsche.
Essen & Trinken - Kiosk, Imbiss und weitere Einkehrmöglichkeiten. Grillstellen.
Besonderheiten - Hundeverbot. Das Mitbringen eines eigenen Grills ist erlaubt.
Sehenswertes in der Umgebung - Historische Altstädte Heidelberg, Weinheim und Bensheim. Zahlreiche Sehenswürdigkeiten entlang der Burgen- und der Bergstraße. Wanderungen im Naturpark Bergstraße-Odenwald.

Verkehrsgünstig und trotzdem ruhig zwischen Wäldern in einer herrlichen Landschaft gelegen, zieht der Baggersee in Heddesheim vor allem am Wochenende viele Badefans an. Gepflegte Liegewiesen stellen genug Platz für alle Sonnenhungrigen zur Verfügung. Sanitäre Anlagen, die - außer den Duschen - auch für Rollstuhlfahrer zugänglich sind, bieten zusätzlichen Komfort. Sportliche kommen hier voll auf ihre Kosten. Neben dem reinen Schwimmvergnügen kann man Fußball, Tischtennis und Volleyball spielen und seine Treffsicherheit beim Minigolf beweisen. Auch für Familien mit Kindern ist der See sehr gut geeignet. Das Ufer fällt flach

ab, so dass die Kleinen hier sicheren Stand finden. In das Planschbecken können die Kinder über eine kleine Rutsche gleiten. Und der Sandstrand lädt zum Buddeln und Burgenbauen ein! Um den Hunger oder Durst zu stillen, bieten ein Imbiss, ein Kiosk und verschiedene Einkehrmöglichkeiten diverse Speisen und Getränke an.

Badespaß bei jedem Wetter, ein umfangreiches Wellness-Angebot und attraktive Gastronomie - all das bietet der Bäderpark Walldorf!

- Natursee: insgesamt 5 ha Wasserfläche inkl. Becken
- Tiefe: bis 11 m
- Strandbad (Eintritt, ÖZ: Mo.-Fr. 7-21 Uhr, Sa. u. So. 8.30-20.30)

i Bäderpark Walldorf,
69190 Walldorf,
Tel: 06227/3273

Anfahrt - A 5 Karlsruhe - Darmstadt, AS Walldorf/Wiesloch. - In Walldorf Zufahrt über die Hauptstraße, Nußlocher Straße, Schwetzinger Straße oder Heidelberger Straße. - Busverbindungen aus der Stadtmitte, Haltestelle direkt am Bäderpark.
Parken - Viele kostenlose, unbewachte P. Fahrradabstellplätze.
Badeplätze - Große Liegewiese. Rollstuhlgerechter Zugang zum See. Überwachung durch das Bäderpark-Personal. Kein FKK.

Sport & Spaß - Fußball, Volleyball, Tischtennis, Minigolf, Basketball.
Kinder - Solarbeheiztes Planschbecken. Spielplatz. Wickelraum.
Essen & Trinken - Kiosk. „Bikini-Bar". Italienisches Restaurant.
Besonderheiten - Hundeverbot. Mitbringen eines eigenen Grills untersagt.
Sehenswertes in der Umgebung - Historische Altstadt Heidelberg mit Schloss. Speyer mit Dom. Zahlreiche Sehenswürdigkeiten an der Berg- und der Burgenstraße.

Der naturbelassene Badesee ist nur ein attraktiver Bestandteil des Bäderparks. Zwischen Wäldern und Schilf erstrecken sich hier große Liegewiesen, von denen man sich in das kühle Nass begeben kann. Badeinseln laden zu einer Verschnaufpause ein. Rund um den See entstand der Bäderpark mit verschiedenen Becken, die für jeden Geschmack etwas bieten - ob man im hinsichtlich seiner Größe wahrhaftig olympischen Becken trainieren will, mutig vom Drei-Meter-Turm springt oder von der Riesenrutsche in das Spaßbecken eintaucht. Falls die kleinen Badegäste doch einmal aus dem solarbeheizten Planschbecken zu locken sind, zieht es sie bestimmt auf den Spielplatz. Übung im Schwimmen bekommen Babys und Kinder in entsprechenden Kursen. Für das Wohlbefinden der großen Gäste sorgen die modernen Einrichtungen des »Relax-Zentrums« mitten im Wald. Entspannen kann man hier im Whirlpool, im Solarium, bei ausgiebigen Massagen und im Stangerbad. Für die Fitness sorgen außerdem Hydro-Power, Aqua-Aerobic und Aqua-Jogging. Dass sanitäre Einrichtungen, die auch für Rollstuhlfahrer zugänglich sind, in einer solchen Anlage nicht fehlen dürfen, versteht sich von selbst. Schmackhafte Snacks und erfrischende Getränke gibt es am Kiosk und an der „Bikini-Bar". Um die Ferienstimmung noch ein bisschen zu verlängern, kann man den Tag im italienischen Restaurant mit Blick über Park und See bei Pizza, Pasta und Wein ausklingen lassen...

„Ankommen und genießen" - nach dieser Devise kann man am St. Leoner See einen abwechslungsreichen Tag starten!

- Baggersee: 10 ha (Wassersportsee: 16 ha)
- Tiefe: bis 26 m
- Strandbad (Eintritt, ÖZ: täglich 7-21 Uhr, Saison: 1. Mai bis 30. Sept.)

ℹ️ Erholungsanlage St. Leoner See, 68789 St. Leon-Rot, Tel: 06227/59009

Anfahrt - A 5 Karlsruhe - Frankfurt bzw. A 6 Heilbronn-Mannheim, AB-Kreuz Walldorf.

Parken - Kostenlose, unbewachte ℗. Fahrradabstellplätze.

Badeplätze - Große, gepflegte Liegewiesen. Kein rollstuhlgerechter Zugang zum See. DLRG-Überwachung. Kein FKK.

Sport & Spaß - Segeln, Angeln, Surfen (mit Verleih), Wasserski (mit Verleih), Tauchen, Fußball, Tischtennis, Volleyball, Minigolf.

Kinder - Abgeteilter Nichtschwimmerbereich. Flach abfallendes Ufer. Spielplatz.

Essen & Trinken - Imbiss, Kiosk und weitere Einkehrmöglichkeiten.

Besonderheiten - Hundeverbot.

Sehenswertes in der Umgebung - Historische Altstadt Heidelberg mit Schloss. Schlossgarten Schwetzingen. Motodrom Hockenheim. Technik-Museum Sinsheim. Holiday-Park Haßloch. Speyer mit Dom. Barockschloss Bruchsal.

Die Erholungsanlage St. Leoner See bietet nicht nur Campern alles, was das Herz begehrt. Auch für Besucher, die sich nur einen Tag am See aufhalten, lässt die große Vielfalt an Freizeitangeboten keine Wünsche offen - und das alles in traumhafter Umgebung mit zahlreichen attraktiven Ausflugszielen. Das naturbelassene Ufer wird gesäumt von gepflegten, weitläufigen Liegewiesen und einem Sandstrand, an dem die Kinder nach Herzenslust buddeln und Burgen bauen können. Außerdem können sich die Kleinen an einer Kletteranlage mit Seil-Hängebrücke und einer Röhrenrutsche vergnügen.

Den Wassersportaktivitäten sind am gesonderten Wassersportsee keine Grenzen gesetzt. Eine gute Balance kann man beim Wasserski beweisen. Miet-Ausrüstungen stehen hier ebenso bereit wie routinierte Betreuer. Ob steife Brise oder leichter Wind - die kleinen Segelboote und die Surfer gleiten hier immer elegant über das Wasser. Die ansässige Schule verleiht Surfern den letzten Schliff. Aus einer anderen, nicht weniger interessanten Perspektive kann man den See mit Taucher- oder Schnorchelausrüstung erleben. Doch nicht nur „Wasserratten" fühlen sich hier wohl. Auf dem Beach-Volleyballfeld fängt der weiche Quarz-Sand die Spieler auch bei wagemutigen Hechtsprüngen sanft auf. Die eigene Treffsicherheit kann man an den Basketball-Körben testen. Ein Vergnügen für Jung und Alt ist eine Runde auf dem Minigolfplatz. Danach kann man sich hier im schattigen Biergarten mit einem kühlen Getränk erfrischen. Überhaupt bietet die Gastronomie in der Anlage für jeden Geschmack etwas. Wer gerne grillt, kommt hier ebenfalls auf seine Kosten: In der Grillhütte mit großem Schwenkgrill kann man seine Würstchen, Steaks etc. brutzeln oder auch einen eigenen Grill mitbringen. Insgesamt erfüllt die Anlage mit all ihren Einrichtungen die modernsten Standards - einem unbeschwerten Ferientag oder Wochenendausflug steht also nichts im Wege!

Urlaubsstimmung kommt in dieser Erholungsoase garantiert auf - ein Sandstrand fehlt ebenso wenig wie Sportanlagen und ein Kiosk!
- Baggersee: 20 ha
- Tiefe: bis 20 m
- Strandbad (Eintritt, ÖZ: täglich 9-20 Uhr, Saison: 1. Mai bis Ende Sept.)

i Freizeitbad Blausee Altlußheim, Tel: 06205/308743 oder 32888

Anfahrt - A 6 Heilbronn - Mannheim, AB-Kreuz Walldorf oder AB-Dreieck Hockenheim, weiter B 36. - Buslinie Hockenheim - Speyer, Haltestelle zwischen Neu- und Altlußheim (500 m zum See).
Parken - Kostenlose, unbewachte P. Fahrradabstellplätze.
Badeplätze - Große Liegewiese. Rollstuhlgerechter Zugang zum See. Überwachung durch das Freizeitbad-Personal. Kein FKK.
Sport & Spaß - Fußball, Tischtennis, Volleyball. Schlauchboote dürfen mitgebracht werden.
Kinder - Abgeteilter Nichtschwimmerbereich. Flaches Ufer. Spielplatz. Sandbucht.
Essen & Trinken - Kiosk und weitere Einkehrmöglichkeiten.
Besonderheiten - Hundeverbot.
Sehenswertes in der Umgebung - Speyer mit Dom. Historische Altstadt Heidelberg mit Schloss. Wandermöglichkeiten im Naturpark Neckartal-Odenwald.

„Jeder Tag wie ein bisschen Urlaub" - das verspricht der Slogan des Freizeitbades. Und der Blausee hält, was er verspricht! Auf einer Fläche von insgesamt ca. 20 ha findet auch der große Andrang Erholungsuchender am Wochenende einen Platz an der Sonne oder im Schatten der Bäume. Für das Vergnügen der kleinen Badegäste ist sowohl im als auch außerhalb des Wassers bestens gesorgt. Drei Badeinseln und eine

kleine Rutsche laden zum Tollen im kühlen Nass ein, auf den beiden Spielplätzen am Ufer können sich die Kinder ebenfalls austoben. Für die größeren und sportlichen Badegäste bieten sich Fußball- und Volleyballfelder sowie Tischtennisplatten an. Für das leibliche Wohl sorgt man an einer der drei Grillstellen oder mit dem eigenen Grill selbst oder sucht sich sein Leibgericht am Kiosk und bei weiteren Einkehrmöglichkeiten rund um den See aus!

Das Freizeitzentrum Erlichsee besticht durch seine herrliche Lage, aber auch durch seine gute Erreichbarkeit.
- Baggersee: 160 ha
- Tiefe: bis 25 m
- Strandbad (Eintritt, ÖZ: 9-19 Uhr)

ℹ️ Bürgermeisteramt,
68794 Oberhausen-
Rheinhausen, Tel: 07254/5030

Anfahrt - A 5 Karlsruhe - Heidelberg, AS Kronau, dann L 555 Richtung Rheinhausen. Beschilderung „Freizeitzentrum Erlichsee" folgen.
Parken - Kostenlose, unbewachte 🅿️. Fahrradabstellplätze.
Badeplätze - Große Liegewiese mit Sandstrand. Rollstuhlgerechter Zugang zum See. DLRG-Überwachung. Kein FKK.
Sport & Spaß - Surfen, Segeln (Geräteverleih), Angeln, Tischtennis, Beach-Volleyball, Pit-Pat.

Kinder - Abgeteilter Nichtschwimmerbereich. Flach abfallendes Ufer. Spielplatz mit behindertengerechten Geräten.
Essen & Trinken - Kiosk mit bestuhlter Terrasse.
Besonderheiten - Hundeverbot. Grillstellen, ein eigener Gasgrill darf mitgebracht werden.
Sehenswertes in der Umgebung - Historische Altstädte Heidelberg und Schwetzingen. Barockschloss Bruchsal. Wandern im Odenwald.

In unmittelbarer Nachbarschaft zu einem Vogelschutzgebiet von europäischer Bedeutung, dem Naturschutzgebiet Wagbachniederung, erwartet den Besucher des Freizeitzentrums Erlichsee eine große Auswahl an Freizeitaktivitäten, aber auch die Idylle der umliegenden Landschaft. Der See wird gesäumt von einem Sandstrand und von weitläufigen Liegewiesen. Während die Erwachsenen je nach Geschmack Sonne oder Schatten genießen, buddeln die kleinen Badegäste nach Herzenslust im Sand oder toben im Planschbecken. Hier gibt es Spielgeräte (auch behindertengerecht), Rutschen und einen Wasserpilz. Eine fantasievoll gestaltete Holzwippe macht das Spielvergnügen komplett. Im See kann man außerdem zu Badeinseln schwimmen, die zu einer Rast einladen. Die

sanitären Anlagen sind teilweise auch für Rollstuhlfahrer bequem zugänglich. Neben Badefans trifft man am Erlichsee auch Angler, Segler und Surfer. Außerdem kann man Beach-Volleyball, Tischtennis und Pit-Pat spielen. Nach all diesen Aktivitäten schmecken die Erfrischungen auf der Terrasse rund um den Kiosk sicherlich umso besser!

Der Freyer-See mit seinem attraktiven Strandbad liegt sehr schön in den Rheinauen am nördlichen Ortsrand von Philippsburg.

- Baggersee: 21 ha
- Tiefe: bis 7 m
- Strandbad
  (Eintritt, ÖZ: 8-20 Uhr)

ℹ️ Stadt Philippsburg,
76661 Philippsburg,
Tel: 07256/87117

Anfahrt - A 5, AS Bruchsal, B 35 Abzweig nach Philippsburg. - A 9 von Speyer. - Bahnstation (Karlsruher Verkehrsverbund), ca. 15 Min. Fußweg durch den Ort.

Parken - Gebührenfreie, unbewachte ℗. Fahrradabstellplätze.

Badeplätze - Schöne Liegewiese, Stege, Badeinseln und Sprungbretter. Rollstuhlgerechter Zugang zum See. Überwachung durch DLRG. Kein FKK.

Sport & Spaß - Fußball, Tischtennis, Volleyball, Tauchen, Angeln.

Kinder - Kinderschwimmbecken mit Spielgeräten, Spielplatz.

Essen & Trinken - Imbiss und Einkehrmöglichkeit am See.

Besonderheiten - Campingplatz direkt am See. Hundeverbot. Grillen nicht erlaubt. Uferbereiche aus Naturschutzgründen teilweise gesperrt.

Sehenswertes in der Umgebung - Schloss Eremitage bei Waghäusel. Karlsruhe, Speyer, Heidelberg, Mannheim. Bruchsaler Schloss, NSG „Elisabethenwört".

Der Freyer-See bietet mit seinem Strandbad ein attraktives Freizeitangebot für Jung und Alt. Jugendliche können sich im Wasser an den Badeinseln, dem Sprungturm und den Stegen austoben. An Land stehen Einrichtungen für Volleyball, Fußball und Tischtennis zur Verfügung. Auch die ganz Kleinen kommen nicht zu kurz: Für sie gibt es einen Kinderspielplatz und ein Nichtschwimmerbecken mit Rutsche, an der sie sich vergnügen können. Wer es eher beschaulich mag, kann sich auf der großen Liegewiese ein nettes Plätzchen zum Entspannen suchen. Auf der Liegewiese verteilt sind Bäume angepflanzt, so dass man im Hochsommer auch in den Schatten

flüchten kann. Ein weiteres Plus sind die - auch für Behinderte geeignete - sanitären Anlagen mit Umkleiden, Duschen und Toiletten. Außerdem wird der Badebereich von den Mitgliedern der DLRG überwacht. Um den See ist ein Spazierweg eingerichtet, wo man an den kleinen Buchten auf zahlreiche Modellbau-Fans oder Angler trifft.

Der Badesee Hardtsee-Bruhrain ist ein Geheimtipp unter den Badefans, die eine schöne Lage und viel Natur bevorzugen.

- Baggersee: 60 ha
- Tiefe: bis 25 m
- Kein Strandbad

ℹ️ Stadt Philippsburg, 76661 Philippsburg, Tel: 07256/87117

Anfahrt - A 5, AS Bruchsal, B 35 bis Huttenheim. - A 9 von Speyer, B 35. - Bahnstation Huttenheim (Karlsruher Verkehrsverbund), ca. 15 Min. Fußweg zum See.
Parken - Gebührenfreie, unbewachte 🅿️ Fahrradabstellplätze.
Badeplätze - Große Liegewiese und Badeinsel. Für Rollstuhlfahrer geeigneter Zugang zum See. DLRG-überwacht. Kein FKK.
Sport & Spaß - Segeln, Surfen, Tauchen, Angeln.

Kinder - Flachwasserbereich mit ausgewiesener Nichtschwimmerzone.
Essen & Trinken - Kiosk.
Besonderheiten - Hundeverbot. Eigener Grill kann mitgebracht werden. Uferbereiche aus Naturschutzgründen teilweise gesperrt.
Sehenswertes in der Umgebung - Schloss Eremitage bei Waghäusel. Karlsruhe, Speyer, Heidelberg, Mannheim. Bruchsaler Schloss, NSG „Elisabethenwört".

Der südlich von Huttenheim gelegene Hardtsee-Bruhrain, der vielen Besuchern noch unter dem Namen „Rufsee" bekannt sein wird, bietet Natur pur. Seine schöne Lage in den Altauen des Rheins sowie seine 60 ha große Wasserfläche bieten ideale Voraussetzungen für einen erholsamen Tag am See. Hier findet man ausreichend Parkplätze, einen Kiosk für die Verpflegung und saubere sanitäre Einrichtungen (nur Toiletten). Die breite Liegewiese lädt zum Verweilen ein, aber auch schattige Plätze stehen zur Verfügung. Am flach abfallenden Sandstrand können besonders die Kinder nach Herzenslust spielen - unter dem Blick der Eltern, die von der Liegewiese den Uferbereich gut sehen können. Zudem gibt es einen durch eine Schwimmkette abgetrennten Nichtschwimmerbereich, der bis zu einer Wassertiefe von 1,30 m reicht. Und auch für sportliche Betätigung ist gesorgt: An dem großen See können Segler, Surfer, Taucher sowie Angler ihrem Hobby frönen, ohne sich in die Quere zu kommen.

Mit seinem gepflegten Sandstrand und einer großen Liegewiese lockt der Baggersee Giesen zahlreiche Besucher aus Nah und Fern an.

- Baggersee: 82 ha
- Tiefe: bis 15 m
- Kostenloser Eintritt

i Bürgermeisteramt,
76706 Dettenheim,
Tel: 07247/9310

Anfahrt - B 36 von Karlsruhe, nach Hochstetten abbiegen und weiter Richtung Liedolsheim. - B 36 von Mannheim, in Graben Richtung Liedolsheim.

Parken - Gebührenpflichtige, unbewachte **P**. Fahrradabstellplätze am Rand der Liegewiese.

Badeplätze - Weitläufige Liegewiese mit breitem Sandstrand. Rollstuhlgerechter Zugang zum See. DLRG-Überwachung am Wochenende. Kein FKK.

Sport & Spaß - Angeln, Segeln, Surfen, Tauchen, Beach-Volleyball.

Kinder - Flaches Ufer. Spielplatz.

Essen & Trinken - Kiosk und zwei Restaurants.

Besonderheiten - Hundeverbot.

Sehenswertes in der Umgebung - Stadtbesichtigung von Karlsruhe. Barockschloss Bruchsal. Attraktive Wanderziele im Kraichgau.

Weitere Badeseen in der Nähe - Baggersee Linkenheim-Hochstetten. Streitköpfle-See Linkenheim.

Ein Blick über den breiten Sandstrand mit den vielen bunten Sonnenschirmen genügt, und man fühlt sich in den Urlaub am Meer versetzt. Hinter dem Sandstrand erstreckt sich eine weitläufige Liegewiese. Vor allem an heißen Tagen sind die besten Plätze schnell vergeben! Nicht nur bei Erholungsuchenden aus der näheren Umgebung ist der Baggersee Giesen ein beliebtes Ziel. Das Angebot an Aktivitäten für Groß und Klein ist äußerst vielfältig. Am See versuchen nicht nur Angler ihr Glück, auch Surfer und Segler warten auf die richtige Brise. Zudem ist der See ein beliebtes Tauchrevier. Kinder lockt natürlich vor allem der Sandstrand am flachen Ufer zum Burgenbauen und Buddeln, aber auch der Spielplatz sorgt für Abwechslung. Am Wochenende wacht die DLRG auf ihrem Turm

über die Sicherheit der kleinen und großen Wasserratten. Sportliche liefern sich am Strand ein heißes Beach-Volleyball-Match. Den kleinen Hunger kann man am Kiosk stillen, der auch sanitäre Anlagen zur Verfügung stellt. Die beiden Restaurants am See bieten neben leckeren Fischgerichten eine große Auswahl an anderen Spezialitäten.

Nördlich von Kronau gelegener Naturbadesee, der Ruhe und Erholung bietet und zu einem beliebten Treffpunkt von einheimischen und auswärtigen Badefans geworden ist.

- Baggersee: 14 ha
- Tiefe: bis 20 m
- Strandbad (Freier Eintritt, ÖZ: 10-20.30 Uhr)

i Gemeinde Kronau, 76709 Kronau, Tel: 07253/9402-0

Anfahrt - A 5, AS Kronau, Richtung Ortsmitte, linker Hand zum See. - B 39 von Sinsheim, B 292 bis Kronau.
Parken - Gebührenpflichtige **P** für PKWs und Motorräder.
Badeplätze - Große Liegewiese. Kein FKK. Keine DLRG-Überwachung.
Sport & Spaß - Volleyball, Surfen.
Kinder - Flach abfallendes Ufer, kein Nichtschwimmerbereich.

Essen & Trinken - Imbiss.
Besonderheiten - Hundeverbot. Mitnahme des eigenen Grills ist nicht erlaubt. Uferbereiche teilweise gesperrt.
Sehenswertes in der Umgebung - Schloss Bruchsal, Schloss Eremitage in Waghäusel. Karlsruhe, Heidelberg. Stift Odenheim. Römerkastell bei Wiesental, Schloss Kislau. Auto- und Technik Museum in Sinsheim. Hockenheimring.

Reizvoll begrenzt von Wald, Wiesen und kleinen Baumgruppen, ist der Lußhardtsee eine idyllische Badeoase fernab vom Trubel. Wer Ruhe und Entspannung sucht, findet hier sicherlich ein schönes Plätzchen auf den ausgedehnten Liegeflächen, die v. a. im südlichen Bereich des Sees ausgewiesen sind. Auch dass am See immer noch Kiesabbau betrieben wird, stört die Ruhe und Idylle keineswegs. Obwohl man hier nicht die Freizeiteinrichtungen wie in einem Strandbad vorfindet, wird es sicherlich nicht langweilig. Unter anderem steht ein Volleyballfeld zur Verfügung und auf den großzügigen Wiesen gibt es reichlich Platz für Ballspiele oder sonstige Aktivitäten. Außerdem befinden sich als sanitäre Einrichtungen zwei Toilettenhäuschen auf dem Gelände. Für Erfrischungen und Snacks sorgt ein Imbiss-Stand, der für die Badegäste alles Nötige bereithält.

Dieser Baggersee eignet sich für einen Tagesausflug am Wochenende genauso wie für eine kurze Erfrischung bei einem Abstecher von der nahen Autobahn!

- Baggersee: 4,6 ha
- Strandbad (Eintritt, ÖZ: 9-21 Uhr bei Badewetter, Saison bis 31. 09.)

🅸 Freizeitanlage Bad Schönborn, 76669 Bad Schönborn, Tel: 07253/955735

Anfahrt - A 5 Karlsruhe - Heidelberg, AS Kronau, dann B 292 und B 3 Richtung Ubstadt-Weiher, Beschilderung „Freizeitanlage".
Parken - Kostenlose, unbewachte 🅿. Fahrradabstellplätze.
Badeplätze - Große Liegewiese mit Sandstrand. Rollstuhlgerechter Zugang zum See. DLRG-Überwachung am Wochenende. Kein FKK.
Sport & Spaß - Tischtennis, Volleyball, Minigolf. Golfplatz in St. Leon-Rot.

Kinder - Abgeteilter Nichtschwimmerbereich. Flach abfallendes Ufer. Spielplatz.
Essen & Trinken - Imbiss mit Seeterrasse.
Besonderheiten - Hundeverbot. Mitbringen eines Grills untersagt.
Sehenswertes in der Umgebung - Schloss Kislau. Römermuseum Stettfeld. Naturdenkmal Posidonienschiefergrube. Barockschloss Bruchsal. Wanderwege im Kraichgau.

Egal ob man sich den ganzen Tag am Äußeren Fischwasser aufhält oder auf dem Heimweg von der Arbeit einen Zwischenstopp am See einlegt - hier findet jeder ein gemütliches Plätzchen und ein vielfältiges Angebot an Aktivitäten! Die weitläufige Liegewiese lädt zum Faulenzen ein und bietet teilweise Schatten unter Bäumen. Sportliche verausgaben sich an der Tischtennisplatte oder auf dem Volleyballfeld. Das Angeln und Surfen ist den Mitgliedern der jeweiligen Vereine vorbehalten. Der Badebereich liegt am Südufer des Sees, an dem immer noch Kies abgebaut wird. Doch weder dieser Betrieb noch die in der Nähe verlaufende Straße können hier den Badespaß trüben! Sehr beliebt bei Jugendlichen sind die beiden Badeinseln. Kleine Badegäste spielen am abgeteilten Flachwasserbereich sicher im Sand. Von der direkt angrenzenden Liegewiese können die Eltern den Spielbereich gut überblicken, und auch die aufmerksamen Mitarbeiter des Freizeitbetriebes sowie am Wochenende die DLRG wachen über die Sicherheit der Kinder. Genug Platz zum Klettern und Toben gibt es auf dem Spielplatz. Angenehmen Komfort bieten die rollstuhlgerechten Toiletten, Duschen und Umkleidekabinen. Für das leibliche Wohl sorgt der Imbiss mit seiner schattigen Seeterrasse - an Sonn- und Feiertagen schon zum Frühstück!

Das herrlich gelegene Freizeitzentrum Hardtsee bietet ein attraktives Freizeitangebot mit zahlreichen sportlichen Einrichtungen.

- Baggersee: 40 ha
- Tiefe: bis 17 m
- Strandbad (Eintritt, ÖZ: 8-22 Uhr)

i Freizeitzentrum Hardtsee, 76698 Ubstadt-Weiher, Tel: 07251/961394

Anfahrt - A 5, AS Kronau, 1. Ampel rechts auf K 3575 Richtung Weiher. - B 3 bis Ubstadt, Abzweig Richtung Weiher. - Bahnstation Ubstadt-Weiher. - Stadtbahnlinie S 3/S 31 bis Ubstadt-Ort, Shuttle-Bus. - Buslinie 131 Bruchsal - Kronau bis zum See.

Parken - Gebührenfreie, unbewachte P. Fahrradabstellplätze.

Badeplätze - Große Liegewiese, Stege, Badeinseln. Sanitärhäuser. Rollstuhlgerechter Zugang zum See. DLRG-Überwachung. Kein FKK.

Sport & Spaß - Segeln, Surfen, Surf-Bikes, Tischtennis, Volleyball, Streetball, Skater-Anlage, Kanufahren, Angeln.

Kinder - Flach abfallendes Ufer und Nichtschwimmerbereich. 2 Spielplätze.

Essen & Trinken - Gaststätte und Kiosk.

Besonderheiten - Sonnenschirm- und Liegestuhlverleih. Slipanlage für Segler. Hundeverbot. Grillstellen. Ein eigener Grill kann mitgebracht werden. Uferbereiche aus Naturschutzgründen teilweise gesperrt. Campingplatz.

Sehenswertes in der Umgebung - Römermuseum Stettfeld. Fachwerkhaus Zeutern. Speyer, Karlsruhe, Heidelberg, Mannheim. Bruchsaler Schloss.

Das zwischen Ubstadt und Weiher gelegene Freizeitzentrum bietet auf 70 ha Fläche Erholung und Spaß für Jedermann. Mit seinen ausgedehnten Liegeflächen, dem schönen Sandstrand, der Gaststätte und dem Kiosk sowie zahlreichen Sportmöglichkeiten lässt das Badeparadies keine Wünsche offen. Jugendliche können sich beim Streetball, Beach-Volleyball, auf der Skater-Anlage oder beim Tischtennis vergnügen, für die ganz Kleinen gibt es zwei Spielplätze. Darüber hinaus kann man sich neuerdings „surf-bikes" ausleihen, mit denen man über den See fahren kann. Der See ist besonders auch für Kinder sehr gut geeignet, da das Ufer flach abfällt und ein Nicht-schwimmerbereich ausgewiesen ist. Aber auch Segler, Surfer, Angler und Kanufahrer kommen hier voll auf ihre Kosten. Speziell für Segler gibt es eine Slipanlage, an der sie ihre Boote zu Wasser lassen können. Direkt neben dem Strandbad liegt ein Campingplatz für Dauer- und Kurzzeitcamper, der auch mit einem großen Jugendzeltplatz ausgestattet ist.

Freizeitspaß und Badevergnügen pur bietet der wunderschön gelegene Freizeitpark Heidesee - eine Badeoase für Jung und Alt.
- Baggersee: 16,3 ha
- Tiefe: bis 32 m
- Strandbad
  (Eintritt, ÖZ: 9-19 Uhr)

i Bürgermeisteramt,
76694 Forst, Tel: 07251/780-0

Anfahrt - A 5, AS Bruchsal, Ri Bruchsal, Forst. - B 3, Abzweigung Forst.
Parken - Viele kostenlose P. Fahrradabstellplätze.
Badeplätze - Große Liegewiesen, Riesenwasserrutsche und Badeinseln. Rollstuhlgerechter Zugang zum See. Für Sicherheit sorgen ein Bademeister, der Badische Tauchsportverband und die DLRG. Kein FKK.
Sport & Spaß - Verleih von Tretbooten und Wasserfahrrädern, Fußball, Tischtennis, Beach-Volleyball, Minigolf, Angeln. Sauna.

Kinder - Flaches Ufer mit Nichtschwimmerbereich, Kinderplanschbecken mit Rutsche, Spielplatz.
Essen & Trinken - Kiosk und Einkehrmöglichkeit am See.
Besonderheiten - Hundeverbot. Das Grillen auf dem Gelände ist untersagt. Die Uferbereiche sind aus Naturschutzgründen teilweise gesperrt.
Sehenswertes in der Umgebung - Sehr schönes Wandergebiet im Kraichgau. Die Städte Karlsruhe, Speyer und Heidelberg. Bruchsaler Schloss, Kloster Maulbronn.

Die in der Nähe von Bruchsal gelegene Freizeitanlage Heidesee ist ein Paradies für Badefans und Liebhaber von Aquaparks. Umgeben von Wald und Wiesen ist der See in verschiedene Zonen eingeteilt, um den unterschiedlichen Bedürfnissen gerecht zu werden. Neben der großen Anlage des Freizeitparks gibt es einen Bereich für Taucher und Angler, in dem diese ungestört ihr Hobby ausüben können.
Auf dem Gelände des Freizeitparks wird dem Badefan und Erholungsuchenden alles geboten, was das Herz begehrt: Zum einen kann man sich auf der großen Liegewiese rund um den See ein nettes Plätzchen zum Entspannen suchen oder sich auf den Badeinseln, den Wasserfahrrädern und der Riesenwasserrutsche, der Hauptattraktion des Parks, austoben. Die etwas abseits gelegene Wasserrutsche zählt mit einer Gesamtbahnlänge von 225 m zu den größten Wasserrutschen Europas. Sie besitzt drei verschiedene Bahnen, die in ein gemeinsames Becken münden. Sehr beliebt sind auch die 2 Beach-Volleyballfelder, der Tretbootverleih und der Minigolfplatz. Urlaubsstimmung, mit ein bisschen Flair von Mallorca, lässt der breite, feinkörnige Sandstrand und das aus Holz errichtete Strandhaus aufkommen, das in erster Linie seine Pforten am Wochenende geöffnet hat. Das weckt Erinnerungen an den letzten Urlaub am Meer.

Für Kinder ist der Freizeitpark ein wahres Paradies, in dem auch garantiert keine Langeweile aufkommt. Im flachen Uferbereich können sich die Kleinen gefahrlos aufhalten, zudem gibt es eine ausgewiesene Nichtschwimmerzone, die natürlich auch von einem Bademeister und der DLRG überwacht wird. Für Unterhaltung sorgt ein großes Kinderplanschbecken mit Rutschbahn und ein schön gestalteter Spielplatz.

Das hervorragende Freizeitangebot wird durch die sauberen sanitären Anlagen am Eingang und am Ende des Freizeitzentrums (auch Behindertentoiletten, Wickelräume) sowie durch die über das gesamte Gelände verteilten Umkleidekabinen und offenen Duschen abgerundet. Schließfächer für die Verwahrung von Wertgegenständen stehen am Eingang zur Verfügung. Und wem es an einem ausgiebigen Badetag nach einer Erfrischung oder Stärkung zumute ist, kann sich an dem Kiosk mit Snacks, kalten Getränken oder Eis bestens versorgen.

Alles in allem ist der Freizeitpark Heidesee wirklich ein Erlebnis für die ganze Familie.

Der große Badesee mit seinem attraktiven Freibad ist ein Eldorado für Badefans und Sonnenanbeter.
- Baggersee: 13 ha
- Tiefe: bis 12 m
- Strandbad (Eintritt, ÖZ: Ende Mai bis Anfang September)

🛈 Bäderverwaltung Ettlingen,76261 Ettlingen, Tel: 07243/101-631

Anfahrt - A 5, AS Ettlingen, in Ettlingen Richtung Malsch. In Oberweier rechts Abzweig zum See. - A 8 von Stuttgart, bis AS Ettlingen (weiter wie oben). - A 65 bis Ettlingen. - Busverbindung von Ettlingen-Hbf. Richtung Malsch.
Parken - Kostenlose, unbewachte 🅿. Fahrradabstellplätze.
Badeplätze - Gepflegte Liegewiese, Badeinsel, sanitäre Anlagen. Kein FKK. Rollstuhlgerechter Zugang zum See. Überwachung durch 2 Bademeister und DLRG.
Sport & Spaß - Volleyball- und Basketballfeld, Tischtennis, Fußball, Schach, Tretboot-Verleih.
Kinder - Flach abfallendes Ufer und Nichtschwimmerzone. Kinderspielplatz.
Essen & Trinken - Kiosk und Einkehrmöglichkeiten.
Besonderheiten - Kostenlose Liegestühle. Segeln und Surfen verboten. Hundeverbot. Grillstellen. Mitnahme des eigenen Grills ist nicht erlaubt. Uferbereiche aus Naturschutzgründen teilweise gesperrt.
Sehenswertes in der Umgebung - Altstadt und Schloss Ettlingen (Schlossfestspiele), Karlsruhe, Schloss Favorite in Rastatt.

Der Buchtzigsee zwischen Ettlingen und Malsch verbindet das Naturerlebnis und die Weite eines Baggersees mit dem Komfort eines Schwimmbades, angefangen bei den sauberen sanitären Einrichtungen bis hin zu zahlreichen Freizeiteinrichtungen und einem Kiosk. Auf der 10 ha großen Liegewiese, die teilweise mit Bäumen bestanden ist, finden auch bei großem Andrang alle Sonnenanbeter ein schönes Plätzchen. Das gesamte Gelände wird jeden Abend gepflegt und gereinigt. Nicht zuletzt Familien mit kleinen Kindern sind begeistert vom Buchtzigsee. Der breite, flache Sandstrand mit einem großen abgegrenzten Nichtschwimmerbereich lädt zum Burgenbauen, Buddeln und Matschen ein, und erste Schwimmversuche können hier gefahrenlos unternommen werden - alles unter fachkundiger Aufsicht der Bademeister und der DLRG. Im tieferen Wasser gibt es Badeinseln, die gern zum Sonnenbaden oder als Sprungbretter genutzt werden. Ein großzügig angelegter Grill- und Spielplatz, Basketballkörbe, ein Tretbootverleih und Möglichkeiten für Tischtennis, Volleyball und Fußball runden das Badevergnügen ab. Ein Kiosk, der in der Hochsaison sehr stark frequentiert wird, bietet u. a. Getränke, Eis, Süßigkeiten, kleine Snacks, Zeitschriften und Bücher an.

Die Vielfalt an Freizeitmöglichkeiten macht zusammen mit der landschaftlich schönen Lage den Reiz des Rastatter Freizeitparadieses aus.

- Baggersee: 9 ha
- Tiefe: bis 25 m
- Strandbad (Eintritt,
  ÖZ: im Sommer tägl. ab 8 Uhr)

ℹ️ Rastatter Freizeitparadies, 76437 Rastatt, Tel: 07222/1015-0

Anfahrt - A 5 Karlsruhe - Freiburg, AS Rastatt. Das Freizeitparadies liegt zwischen den Stadtteilen Ottersdorf und Plittersdorf. - Busverbindung vom Hbf. Rastatt und von der Fruchthalle. Haltestelle direkt am See.
Parken - Kostenlose, unbewachte Ⓟ. Fahrradabstellplätze.
Badeplätze - Große Liegewiese mit Sandstrand. Kein rollstuhlgerechter Zugang zum See. DLRG-Überwachung am Wochenende. Kein FKK.

Sport & Spaß - Angeln, Tauchen, Fußball, Volleyball, Minigolf.
Kinder - Flach abfallendes Ufer. Spielplatz.
Essen & Trinken - Kiosk und Seerestaurant.
Besonderheiten - Hundeverbot. Das Benutzen eines eigenen Grills ist untersagt.
Sehenswertes in der Umgebung - Stadtbesichtigung von Karlsruhe. Kurstadt Baden-Baden. Wandermöglichkeiten im Schwarzwald. Attraktive Ausflugsziele im Elsass.

Eingebettet in die wunderschönen, unter Naturschutz stehenden Rheinauen, bietet das Rastatter Freizeitparadies ungetrübten Badespaß mit Blick auf die Höhenzüge des Schwarzwaldes. Der Badesee wird eingerahmt von einem komfortablen Campingplatz, der seine Gäste mit einer Ausstattung erwartet, die auch höchsten Ansprüchen gerecht wird. Im Strandbad bieten die weitläufigen Liegewiesen genügend Platz zum Sonnenbaden. Der Sandstrand macht Ferienlaune und lockt kleine Badegäste zum Buddeln und Burgenbauen. Da das Ufer flach abfällt, können Kinder hier auch ohne gesondert ausgewiesenen Nichtschwimmerbereich gefahrlos planschen. Außerdem sorgt ein schön angelegter Spielplatz für Abwechslung. Neben dem Badevergnügen wird am Deglersee das Tauchen groß geschrieben. Die ansässige Tauchschule vermittelt das

nötige Wissen. Petrijünger kommen mit stillen Angelplätzen ebenfalls auf ihre Kosten. Ein Volleyballfeld steht ebenso zur Verfügung wie ein Fußballplatz und eine Minigolfanlage. Kleine Snacks und Getränke gibt es am Kiosk. In gepflegtem Ambiente verwöhnt das Seerestaurant seine Gäste mit feinen Spezialitäten, die man auch auf der großen Terrasse genießen kann.

Der Name der nahen mondänen Kurstadt Baden-Baden ist hier Programm - der Kühlsee bietet aber mehr als reinen Badespaß!

- Baggersee: 32 ha
- Tiefe: bis 20 m
- Strandbad (Eintritt, ÖZ: täglich 10-20 Uhr)

i Stadtverwaltung, 76530 Baden-Baden, Tel: 07221/93-0

Anfahrt - A 5 Karlsruhe - Freiburg, AS Baden-Baden. - B 500 (Schwarzwaldhochstraße) von Freudenstadt, dann Richtung Rastatt.

Parken - Kostenlose, unbewachte **P**. Fahrradabstellplätze.

Badeplätze - Schöne Liegewiese. Rollstuhlgerechter Zugang zum See. DLRG-Überwachung. Kein FKK.

Sport & Spaß - Angeln, Beach-Volleyball, Tischtennis.

Kinder - Abgeteilter Nichtschwimmerbereich. Flach abfallendes Ufer. Sandkasten.

Essen & Trinken - Kiosk, Imbiss und weitere Einkehrmöglichkeiten.

Besonderheiten - Hundeverbot. Mitbringen eines Grills untersagt.

Sehenswertes in der Umgebung - Kurstadt Baden-Baden mit Ruine Hohenbaden und Jesuitenschloss. Ruine Yburg bei Varnhalt. Schwarzenbach-Talsperre (siehe S. 31). Schwarzwaldhochstraße.

Mit dem Kühlsee hat der Kiesabbau, der auch heute noch betrieben wird, einen schönen Ort zum Baden und Entspannen geschaffen. Der Badestrand hält auch den größeren Andrang am Wochenende gut aus und bietet je nach Vorliebe einen sonnigen Platz oder Schatten unter Bäumen. Im See treiben Badeinseln, auf denen man sich zum Ausruhen niederlassen kann. Für Familien mit Kindern ist der Kühlsee wegen seines flach abfallenden Ufers und seines Nichtschwimmerbereichs empfehlenswert. Außerdem können die Kinder im Sandkasten nach Herzenslust buddeln und sich als kleine Burgenbaumeister betätigen. Für die Großen stehen für das sportliche Vergnügen außerhalb des Wassers Tischtennisplatten sowie ein Beach-Volleyballfeld zur Verfügung. Und wer sein Anglerglück versuchen will, findet am Kühlsee dafür ein ruhiges Plätzchen...

Der Erländersee bei Hügelsheim ist eine kleine, idyllische Badeoase für Naturliebhaber und ohne viel Rummel.

- Baggersee: 8,3 ha
- Tiefe: bis 5 m
- Strandbad
  (Eintritt, ÖZ: 10-20 Uhr)

ℹ️ Gemeinde Hügelsheim,
76549 Hügelsheim,
Tel: 07229/3044-19

Anfahrt - A 5, AS Baden-Baden, B 500 Richtung Rheinübergang, B 36 nach Hügelsheim. - B 36 von Rastatt bzw. Kehl.
Parken - Kostenlose Ⓟ. Fahrradabstellplätze.
Badeplätze - Ausgedehnte Liegewiese und Badesteg. Kein rollstuhlgerechter Zugang zum See. DLRG-überwacht. Kein FKK.
Sport & Spaß - Tischtennis, Angeln. Schönes Wandergebiet im Schwarzwald.

Kinder - Ausgewiesener Nichtschwimmerbereich. Spielplatz.
Essen & Trinken - Imbiss und Kiosk mit schöner Seeterrasse.
Besonderheiten - Hundeverbot. Mitbringen des eigenen Grills ist nicht erlaubt. Uferbereiche aus Naturschutzgründen teilweise gesperrt.
Sehenswertes in der Umgebung - Staustufe und Rennbahn Iffezheim. Baden-Baden. Elsass. Yburg bei Neuweier.

Der Erländersee mit seinem Strandbad ist ein sehr beliebtes Ausflugsziel für Badefans aus der Region. An einem heißen Sommertag kann man es sich hier im erfrischenden Nass oder auf der Liegewiese mit ihren Schatten spendenden Bäumen gut gehen lassen. Von der großen Liegewiese gelangt man über kleine Badebuchten, die von Schilfzonen umgeben sind, ins Wasser. Zudem gibt es einen Badesteg, der ins kühle Nass führt. Direkt daneben ist zur größeren Sicherheit der Kinder eine Nichtschwimmerzone ausgewiesen. Für die Kleinen steht auch ein Kinderspielplatz mit Rutsche und Sandkasten zur Verfügung. Und wer an einem ausgiebigen Badetag eine Erfrischung oder Stärkung braucht, kann sich am Imbiss und am Kiosk mit kühlen Getränken, Eis, kleinen Gerichten und anderen Köstlichkeiten versorgen lassen. Besonders die direkt am See gelegene Sonnenterrasse lädt zum Verweilen und Genießen ein.

Die schöne Anlage des Freizeit-
center Oberrhein stellt dem Be-
sucher ein attraktives Angebot an
Sport- und Freizeiteinrichtungen
zur Verfügung.
- Baggersee: 8 ha
- Tiefe: bis 15 m
- Campingplatz mit Strandbad
  (Eintritt, ÖZ: 01.05.-31.10.)

Freizeitcenter Oberrhein,
77836 Rheinmünster,
Tel: 07227/2500

Anfahrt - A 5, AS Bühl, Richtung
Rheinmünster-Schwarzach, re Rich-
tung Stollhofen. Am Kreisverkehr 3.
Abfahrt zum Campingplatz. - A 5,
AS Baden-Baden, B 500 Richtung
Iffezheim, B 36 bis Stollhofen. - Bus
bis Stollhofen, Fußweg 600 m zum
See.
Parken - Kostenlose P. Fahrrad-
abstellplätze.
Badeplätze - Ausgedehnte Liege-
wiesen um den See. Badesteg.
Rollstuhlgerechter Zugang zum
See. DLRG-überwacht. Kein FKK.
Sport & Spaß - Tischtennis, Volley-
ball, Minigolf, Tennis, Surfen (Surf-
schule), Boccia, Billard. Angeln am
eigenen Angelsee. Verleih von
Fahrrädern.
Kinder - Flaches Ufer, Nichtschwim-
merbereich, Spielplatz und
Spielgeräte im Wasser.
Essen & Trinken - Kiosk und
Einkehrmöglichkeit am See.
Besonderheiten - Hundeverbot.
Mitbringen eines Grills nicht erlaubt.
Sehenswertes in der Umgebung -
Staustufe und Rennbahn Iffezheim.
Baden-Baden, Yburg bei Neuweier.
Straßburg, Elsass.

Der Badesee zieht im Sommer aufgrund seiner herrlichen Lage in den
Rheinauen und der zahlreichen Sportmöglichkeiten viele Besucher aus
der nahen und weiteren Umgebung an. Die großzügigen sanitären
Anlagen, die schönen Liegewiesen rund um den See und die anderen
Freizeiteinrichtungen hinterlassen einen sehr angenehmen und gepflegten Eindruck. Für die sportlich Aktiven gibt es die Möglichkeit zu segeln
und zu surfen; man kann hier sogar einen Surfkurs in der platzeigenen
Surfschule (Deutschlands einziger Kindersurfschule) besuchen. Wem der
Sinn eher nach einem Tennismatch oder einem kleinen Minigolfturnier
steht, ist hier auch bestens aufgehoben. Für Kinder ist der See besonders ideal, weil die Uferbereiche flach abfallen und eine eigene Kinder-
badebucht ausgewiesen ist. Die Kleinen können sich zudem auf den
zwei Spielplätzen und an den Spielgeräten im Wasser aufhalten. Der
Zugang zum Wasser erfolgt von der Liegewiese über einen schönen
Sandstrand. Auch für die Verpflegung am See ist bestens gesorgt: Eine
Gaststätte mit Kiosk bietet Erfrischungen aller Art sowie Gerichte für den
kleinen und großen Hunger.

Der zwischen Baden-Baden und dem Elsass gelegene Badesee ist mit seinem attraktiven, vielseitigen Freizeitangebot eine herrliche Badeoase.

- Baggersee: 5 ha
- Tiefe: bis 7 m
- Campingplatz mit Strandbad (Eintritt, ÖZ: 8-20 Uhr)

i Campingplatz Adam,
77815 Bühl-Oberbruch,
Tel: 07223/23194

Anfahrt - A 5, AS Bühl, Ri Oberbruch-Moos. - B 3 bis Bühl, Ri Rheinmünster. - Bahnstation Bühl, dort Buslinien 268 und 275.
Parken - Viele gebührenfreie **P**. Fahrradabstellplätze.
Badeplätze - Großzügige Liegewiesen, Badeinseln und Wasserrutsche. Rollstuhlgerechter Zugang zum See. DLRG-Überwachung. Kein FKK.
Sport & Spaß - Fußball, Tischtennis, Beach-Volleyball, Tennis, Boccia, Kegeln, Segeln, Surfen, Tauchen, Angeln.
Kinder - Flaches Ufer, Nichtschwimmerbereich und Spielplatz.
Essen & Trinken - Kiosk und Gaststätte am See.
Besonderheiten - Hundeverbot. Mitbringen eines Grills ist erlaubt.
Sehenswertes in der Umgebung - Vielseitiges Wandergebiet im Nordschwarzwald. Baden-Baden, Rastatt, Karlsruhe, Straßburg, Freiburg. Europapark Rust.

Der wunderschön in der Rheinebene gelegene Baggersee mit Strandbad ist im Besitz des benachbarten Campingplatzes, dessen moderne Infrastruktur, sanitäre (behindertengerechte) Anlagen und Sporteinrichtungen mitbenutzt werden können. Die gepflegte Liegewiese ist mit Bäumen und Sträuchern bepflanzt, und vereinzelt gibt es Ruhebänke. Für Kinder und Jugendliche ist zudem einiges geboten: Es gibt eine Wasserrutsche und Badeinseln, einen Kinderspielplatz, eine abgegrenzte Nichtschwimmerzone mit flachem Sandstrand und viele Sportangebote wie Surfen,

Tauchen, Beach-Volleyball etc. Und wer nach diesen ganzen Aktivitäten Hunger und Durst bekommt, wird am Kiosk oder in der Gaststätte bestens versorgt. Besonders auf der großen Terrasse kann man sich die gute Schwarzwälder Küche oder kleine Snacks schmecken lassen. Für Selbstversorger gibt es einen SB-Markt, wo man sich mit allem eindecken kann.

Der Achernsee ist ein beliebter Badesee, der Erholung und Freizeitspaß für Jung und Alt bietet.

- Baggersee: ca. 10 ha
- Tiefe: bis 25 m
- Strandbad (Eintritt an Wochenenden/Feiertagen, ÖZ: 15.05.-15.09.)

i Campingplatz / Strandbad „Am Achernsee", 77841 Achern, Tel: 07841/70270

Anfahrt - A 5, AS Achern, an der L 87 gelegen.
Parken - Gebührenpflichtige [P]. Fahrradabstellplätze.
Badeplätze - Große Liegewiese mit Sandstrand. Badeinsel. Zugang zum See nicht geeignet für Rollstuhlfahrer. DLRG-Überwachung am Wochenende. FKK erlaubt. Weitere Badeplätze rund um den See.
Sport & Spaß - Angeln. Fußball, Volleyball, Tischtennis, Boccia.

Kinder - Flaches Ufer mit Nichtschwimmerzone. Kinderspielplatz.
Essen & Trinken - Einkehrmöglichkeit und Kiosk im Strandbad.
Besonderheiten - Verleih von Liegestühlen. Leinenzwang für Hunde. Teile des Uferbereichs nicht zugänglich aus Naturschutzgründen.
Sehenswertes in der Umgebung - Baden-Baden, Straßburg, Offenburg. Schwarzwaldhochstraße, Naturschutzgebiet Ruhestein.

Der Naturbadesee mit seinem attraktiven Strandbad und angegliederten Campingplatz begeistert den Besucher durch seine herrliche Lage in der Oberrheinebene. Der See ist umgeben von schönen Baumgruppen und kleinen idyllischen Badebuchten, die außerhalb der Badezone des Strandbades liegen. Im Bereich des Strandbades besitzt der See einen weitläufigen Sandstrand, an dem die kleinen Badegäste nach Herzenslust matschen, Burgen bauen und sandeln können. Sehr geeignet für Kinder ist auch das flach abfallende Ufer und der abgegrenzte Nichtschwimmerbereich, wo sie sich ohne Gefahr aufhalten können. Am Wochenende wird der Badebereich von der DLRG überwacht. An den Strand schließt sich eine große Liegewiese an, die mit Bäumen bestanden ist, unter die man sich in der hochsommerlichen Hitze zurückziehen kann. Angenehm sind auch die sanitären Anlagen, die einen sehr gepflegten Eindruck machen und auch einen großen Andrang am Wochenende verkraften. Wer sich neben dem Baden noch sportlich betätigen möchte, der hat hier die Möglichkeit Volleyball, Fußball und Tischtennis zu spielen. Sehr beliebt ist auch die Boccia-Bahn, auf der schon so manches heiße Match ausgetragen wurde. Und nach viel sportlicher Betätigung wird man am Kiosk mit den nötigen Erfrischungen oder einem Imbiss versorgt.

Die Schwarzenbach-Talsperre liegt sehr idyllisch in der waldreichen Region des Nordschwarzwaldes, in der Nähe von Forbach.

- Stausee: 66 ha
- Tiefe: 40 m
- Kein Strandbad

i Kurverwaltung Forbach,
76596 Forbach,
Tel: 0 72 28 / 23 40

Anfahrt - Schwarzwaldhochstraße von Baden-Baden. - B 462 von Rastatt bzw. Freudenstadt. - B 294 von Pforzheim, B 462 Ri Forbach.
Parken - Kostenlose **P**.
Badeplätze - Schmale Strandbereiche rund um den See. Kein FKK. Keine DLRG-Überwachung.
Sport & Spaß - Angeln, Ruder- und Tretbootverleih. Sommer- und Winterbobbahn Mehliskopf. Wandergebiet im Nordschwarzwald.

Kinder - Schnell abfallendes Ufer, daher für Kinder nur mäßig geeignet.
Essen & Trinken - Kiosk und Hotel-Restaurant.
Besonderheiten - Informationspfad zum Bau des Stausees. Kein Hundeverbot.
Sehenswertes in der Umgebung - Baden-Baden, die romantische Schwarzwaldhochstraße, Hornisgrinde, Mummelsee.

Die Schwarzenbach-Talsperre (670 m ü. NN) zwischen Schwarzwaldhochstraße und Murgtal ist im Sommer ein beliebtes Ausflugsziel für Erholungsuchende. Wer sich nach Ruhe und Entspannung sehnt, ist hier genau richtig: Entlang dem Seeufer findet sich immer ein nettes Plätzchen zum Baden und Faulenzen. Vorsicht ist allerdings geboten, wenn man mit Kindern unterwegs ist. Da das Ufer ziemlich schnell abfällt und es auch keine abgegrenzten Nichtschwimmerbereiche gibt, sollte man die Kleinen gut im Auge behalten. Für Spaß und Spiel findet man hier einen Tret- und Ruderbootverleih, so dass man auch entlegenere Teile des Sees erkunden kann. Und wer nach einer Wanderung in der herrlichen Umgebung eine Erfrischung sucht, findet hier die beste Gelegenheit dazu.

Naturerlebnis und Badevergnügen - beides bietet die in einem 650 ha großen Landschaftsschutzgebiet gelegene Nagoldtalsperre.

- Stausee: 50 ha
- Tiefe: bis 35 m
- Kein Strandbad

i Kurverwaltung Seewald,
72297 Seewald,
Tel: 07447/9460-0

Anfahrt - A 81 Stuttgart - Singen, AS Herrenberg. B 28 bis Altensteig, weiter Richtung Seewald und zum Ortsteil Erzgrube. - Busverbindungen von Freudenstadt und Altensteig sowie aus allen Ortsteilen von Seewald. Haltestelle direkt am See.

Parken - Kostenlose, unbewachte P. Keine Fahrradabstellplätze.

Badeplätze - Schöne Liegewiesen im Wald. Rollstuhlgerechter Zugang zum See. DLRG-Überwachung am Wochenende. Kein FKK.

Sport & Spaß - Segeln, Angeln, Surfen (Surfschule und Verleih von Brettern), Bootsverleih, Tauchen, Volleyball, Minigolf.

Kinder - Flach abfallender Uferbereich. Spielplatz.

Essen & Trinken - Imbiss, Kiosk und mehrere Gasthäuser am See und im Ort.

Besonderheiten - Leinenzwang und Badeverbot für Hunde.

Sehenswertes in der Umgebung - Stadtbesichtigung Freudenstadt und Altensteig. Barfußpark und Besucherbergwerk in Dornstetten-Hallwangen. Sommer-Bobbahn Poppeltal.

Ob man nun die herrliche Schwarzwaldlandschaft rund um den See vom Liegetuch aus genießt oder in dieser schönen Umgebung aktiv unterwegs ist - die Nagoldtalsperre bietet für jeden Besucher das Richtige! Auch ohne ausgewiesenes Strandbad hat man hier viele Möglichkeiten, seine Freizeit zu gestalten. Man kann im wahrsten Sinne des Wortes „untertauchen" oder auf dem Surfbrett über das Wasser gleiten. Die ansässige Surfschule, die auch die entsprechende Ausrüstung zum Verleih bereithält, hilft Anfängern beim Einstieg in diese Sportart und verleiht Fortgeschrittenen den letzten Schliff. Wer es gemächlicher und trockener mag, kann sich ein Boot mieten. Am Ufer steht ein Volleyballfeld zur Verfügung. Außerdem kann man beim Minigolf Punkte sammeln. Neben Badefans finden auch viele Petrijünger den Weg zur Nagoldtalsperre und versuchen hier ihr Anglerglück - es geht wohl auch nichts über den auf dem Grill zubereiteten eigenen Fang! Für Familien mit Kindern ist der See ebenfalls ein geeignetes Ziel. Das Ufer fällt flach ab, so dass sich die kleinen Badegäste dort gefahrlos aufhalten können. Außerdem sorgt ein Spielplatz für Abwechslung. Viel Wissenswertes über biologische Zusammenhänge des Sees und seiner Umgebung vermittelt der Gewässerlehrpfad - mit dem Wissen über Natur und Umwelt rund um die Nagoldtalsperre lässt sich die Schönheit dieses Sees noch bewusster genießen. Auch auf zahlreichen anderen Wanderwegen kann man die Umgebung der Talsperre erkunden. Mit einer breit gefächerten Palette an Freizeitaktivitäten bietet sich Seewald auch für mehr als einen Tagesausflug zum See an. Das Gebiet verzaubert mit seiner landschaftlichen Schönheit und sorgt mit seiner milden, reinen Luft für ausgezeichnete Erholung. Im Sommer kann man das Naturerlebnis mit lehrreichen Erfahrungen auf den Waldlehrpfaden verbinden, und im Winter lockt das Ski- und Rodelvergnügen. Auf romantische Art lernt man die Gegend bei einer Pferdeschlittenfahrt oder bei einer Fackelwanderung durch den zauberhaften Winterwald kennen. Und was wäre ein passenderer Ausklang eines erlebnisreichen Tages als ein Abendessen mit Schwarzwälder Spezialitäten und einem erlesenen „Viertele" badischen Weins in einem der Gasthäuser in Seewald...?

Idyllisch in einem Landschaftsschutzgebiet gelegen, besticht der
Bömbachsee neben seiner hervorragenden Wasserqualität auch
durch seine wohltuende Ruhe.

- Stausee: 1,5 ha
- Tiefe: bis 3,50 m
- Kein Strandbad

i Stadtverwaltung,
72213 Altensteig,
Tel: 07453/9461-0

Anfahrt - A 81 Stuttgart - Singen,
AS Herrenberg, weiter auf der
B 28 nach Altensteig. - B 28 von
Freudenstadt.
Parken - Kostenlose P.
Badeplätze - Schöne Liegewiese.
Rollstuhlgerechter Zugang. Keine
DLRG-Überwachung. Kein FKK.
Sport & Spaß - Kneippanlage.
Naturlehrpfad.

Kinder - Flach abfallendes Ufer.
Spielplatz.
Besonderheiten - Hundeverbot.
Grillstellen.
Sehenswertes in der Umgebung -
Historische Altstädte Altensteig,
Calw, Freudenstadt und Horb.
Klosterkirche Baiersbronn-Klos-
terreichenbach. Kloster Hirsau.
Besucherbergwerk Neubulach.

Wer ruhige Seen in landschaftlich schöner Lage schätzt, hat mit dem
Bömbachsee das ideale Ziel für einen erholsamen Badeausflug gefun-
den. Der See wird eingerahmt von weitläufigen Wäldern, die sich malerisch im klaren Wasser spiegeln. Auf der Liegewiese ist unter den
Bäumen auch an heißen Tagen für genügend angenehmen Schatten
gesorgt. In das kühle Nass gelangt man direkt von der Liegewiese oder
über Stege, die vom Ufer in den See hineinragen. Auch ohne gesonderten Nichtschwimmerbereich können sich Kinder gefahrlos am flach
abfallenden Ufer tummeln. Eine reizvolle Gelegenheit zum Klettern,
Sandspielen und Herumtoben bietet sich für die kleinen Badegäste auf
dem schön angelegten Spielplatz. Einen Kiosk oder ein Gasthaus gibt es
am Bömbachsee nicht. Wenn einem der verlockende Duft von Brat-
würsten und Steaks in die Nase steigt, kommt er sicher von den Grillstellen, an denen man sich seine von zu Hause mitgebrachten Leckerbissen selbst zubereiten kann. Wer etwas für seine Gesundheit tun
möchte, erfrischt sich in den Becken der nahen Kneippanlage. Sanitäre
Einrichtungen sowie Umkleidekabinen stehen am Bömbachsee nicht zur
Verfügung. Allerhand Wissenswertes über die herrliche Landschaft des
Oberen Bömbachtales vermittelt der unmittelbar angrenzende Naturlehrpfad. Zu ausgiebigen Streifzügen durch die Natur lädt das weit ver-
zweigte Wanderwegenetz rund um Altensteig ein. Auf keinen Fall sollte
man sich einen Besuch der romantischen mittelalterlichen Altstadt von
Altensteig entgehen lassen.

Der Gifiz-See mit seinem Strandbad und seinen schönen Liegewiesen rund um den See zieht im Sommer zahlreiche Badefans an.

- Baggersee: ca. 40 ha
- Tiefe: bis 20 m
- Strandbad (Eintritt, ÖZ: 9.30-20 Uhr, Sa./So. 9-20 Uhr)

i Strandbad Gifiz,
77656 Offenburg,
Tel: 0781/57741

Anfahrt - A 5, AS Offenburg, Stadtteil Uffhofen. - B 3 von Freiburg bzw. Baden-Baden. - B 33 von Villingen-Schwenningen. - Bahnstation, Busverbindung zum See: Haltestellen Uffhofen-Strandbad oder -Schumacherbrücke.

Parken - Kostenlose **P**. Fahrradabstellplätze.

Badeplätze - Große Liegewiese, Badeinseln, Riesenrutsche und Badesteg im Strandbad. Gepflegte sanitäre Anlagen. Rollstuhlgerechter Zugang zum See. Überwachung durch Bademeister und DLRG. Kein FKK. Weitere nicht überwachte Badeplätze rund um den See.

Sport & Spaß - Segeln, Angeln, Surfen, Beach-Volleyball, Tischtennis, Tretbootverleih.

Kinder - Flaches Ufer mit Nichtschwimmerzone. Kinderplanschbecken. Spielplatz und Hopsburg.

Essen & Trinken - Kiosk und Imbiss im Strandbad.

Besonderheiten - Verleih von Sonnenschirmen und Liegen. Hundeverbot im Strandbad. Das Mitbringen des eigenen Grills ist erlaubt. Grillstellen.

Sehenswertes in der Umgebung - Altstadt von Offenburg und von Gengenbach. Schloss Ortenberg. Schloss Staufenberg in Durbach. Straßburg. Schöne Wanderungen im Schwarzwald.

Der am südlichen Rand von Offenburg gelegene See ist eine herrliche Bade- und Freizeitoase. An heißen Tagen strömen die Besucher aus der nahen und weiteren Umgebung hierher, um sich am See oder im Strandbad eine Abkühlung zu gönnen. Das hervorragend ausgestattete Strandbad mit seinen vielfältigen Sport- und Freizeiteinrichtungen ist wirklich einen Ausflug wert. Hier kann man sich auf einer 58 m langen Riesenrutsche, vier Badeinseln oder beim Wasserball vergnügen. Vier Beach-Volleyballfelder, ein Tretbootverleih und vier Tischtennisplatten ergänzen das Angebot für Jung und Alt. Für die Kleineren gibt es ein Kinderplanschbecken, eine sehr beliebte Hopsburg und ein Wassertrampolin. Auf der schön angelegten, großen Liegewiese kann man sich auch unter Bäumen ein schönes Plätzchen zum Faulenzen suchen. Wen der Hunger plagt, kann sich in der Gaststätte und am Kiosk des Strandbades mit kleinen Gerichten und Erfrischungen versorgen. Für Badegäste gibt es auch Grillstellen, an denen man sein mitgebrachtes Steak brutzeln kann.

Der in der Oberrheinebene bei Offenburg gelegene Baggersee besitzt einen schönen, ruhigen Badebereich in der Nähe des Waldrandes.
- Baggersee: ca. 30 ha
- Tiefe: bis 70 m
- Kein Strandbad

i Bürgermeisteramt Schutterwald, 77744 Schutterwald, Tel: 0781/9606-0

Anfahrt - A 5, AS Offenburg, L 98 Richtung Kehl, links Abzweig nach Schutterwald. - B 3 von Freiburg bzw. Baden-Baden, L 99 nach Schutterwald.

Parken - Kostenlose **P**. Fahrradabstellplätze.

Badeplätze - Schöne Liegewiese. Rollstuhlgerechter Zugang zum See. Überwachung durch DLRG. Kein FKK.

Sport & Spaß - Surfen, Angeln, Tischtennis, Minigolf.

Kinder - Flaches Ufer mit Nicht- schwimmerbereich. Kleiner Kinderspielplatz.

Essen & Trinken - Gaststätte mit Minigolfplatz.

Besonderheiten - Hundeverbot. Das Mitbringen des eigenen Grills ist nicht erlaubt. Uferbereiche teilweise gesperrt.

Sehenswertes in der Umgebung - Altstadt von Offenburg und Gengenbach. Schloss Ortenberg, Schloss Staufenberg in Durbach. Straßburg. Schöne Wanderungen im Schwarzwald.

Der Badesee in Schutterwald liegt ca. 3 km von Offenburg entfernt. Obwohl hier noch Kies abgebaut wird, ist der Freibadbereich sehr ruhig und ideal zum Abschalten. Die große Liegewiese macht einen sehr gepflegten Eindruck und ist mit Bäumen bepflanzt, so dass man sich hier auch ein Plätzchen im Schatten suchen kann. Das flach abfallende Ufer und der durch eine Kette abgegrenzte Nichtschwimmerbereich sind ideal für Kinder. Ein kleiner Kinderspielplatz und mehrere Tischtennisplatten sorgen für Abwechslung und Spaß. Zudem gibt es eine Minigolfanlage, die zu der gegenüber liegenden Gaststätte gehört. Dort kann man auch die Toiletten mitbenutzen. Der See wird die ganze Woche über von der DLRG überwacht, so dass hier gute Sicherheitsbedingungen bestehen.

Aus dem ehemaligen Kiesabbau wurde ein attraktives Naherholungs-
gebiet für Bade- und Campingfans.
- Baggersee: 12 ha
- Tiefe: bis 20 m
- Kein Strandbad

Bürgermeisteramt, 77948 Friesenheim, Tel: 07821/6337-0

Anfahrt - B 3 Offenburg - Freiburg, in Friesenheim Richtung Schuttern.
Parken - Gebührenpflichtige, bewachte P. Fahrradabstellplätze.
Badeplätze - Liegewiese. Rollstuhlgerechter Zugang zum See. DLRG-Überwachung. Kein FKK.
Sport & Spaß - Angeln, Surfen, Fußball, Tischtennis, Beach-Volleyball.
Kinder - Nichtschwimmerecke im kleinen See. Flaches Ufer. Spielplatz.

Essen & Trinken - Kiosk und kleine Gaststätte beim Campingplatz.
Besonderheiten - Das Mitbringen von Hunden ist erlaubt. Ein eigener Grill darf mitgebracht werden.
Sehenswertes in der Umgebung - Stadtbesichtigung von Offenburg. Fachwerkstadt Gengenbach. Europapark Rust. Glashütte Wolfach. Freilichtmuseum Vogtsbauernhof Gutach.

Wo in den 60er-Jahren Kies für den Bau der Rheintal-Autobahn gebaggert wurde, liegt heute ein herrliches Naherholungsgebiet mit Campingplatz und zwei Baggerseen. Nicht nur für einen Urlaub bietet die Anlage alles, was das (Camper-)Herz begehrt - schon ein Tagesausflug macht Ferienlaune! Auf den schönen Liegewiesen findet man an heißen Tagen angenehmen Schatten. Sanitäre Anlagen sind, zum Teil auch rollstuhlgerecht, ausreichend vorhanden. Am flachen Ufer des kleinen Sees wurde ein gesonderter Nichtschwimmerbereich geschaffen, was den See für Familien mit Kindern attraktiv macht. Außerdem sorgt ein Spielplatz für Abwechslung bei den Kleinen. Abgesehen vom Badespaß kann man an den beiden Seen auch angeln und surfen. Am Ufer hat man Gelegenheit, sich beim Volleyball, Fußball oder Tischtennis zu verausgaben. Gegen Hunger und Durst nach all diesen Aktivitäten hilft ein Abstecher zum Kiosk oder eine Einkehr in der kleinen Gaststätte beim Campingplatz.

Eingebettet in den Auenwald, besticht der Waldmattensee schon allein durch seine herrliche Lage!
- Baggersee: 15 ha
- Tiefe: bis 53 m
- Kein Strandbad

ℹ️ Ortsverwaltung Kippenheimweiler, 77933 Lahr, Tel: 07825/870830

Anfahrt - A 5 Offenburg - Freiburg, AS Lahr. - B 3 Offenburg - Freiburg, in Lahr zum Stadtteil Kippenheimweiler. - Busverbindung von Lahr nach Kippenheimweiler, ca. 10 Min. Fußweg von der Haltestelle zum See.

Parken - Kostenlose, unbewachte P. Keine ausgewiesenen Fahrradabstellplätze.

Badeplätze - Große Liegewiese. Zugang zum See für Rollstuhlfahrer nur bedingt möglich (z.T. Kieswege). DLRG-Überwachung an Wochenenden und Feiertagen. Kein FKK.

Sport & Spaß - Angeln.

Kinder - Kein ausgewiesener Nichtschwimmerbereich. Spielbuchten und Sandkasten.

Essen & Trinken - Restaurant.

Besonderheiten - Hundeverbot. Grillen und Übernachten untersagt.

Sehenswertes in der Umgebung - In Lahr: Stadtpark mit Rosengarten. Stadtbesichtigung Offenburg. Fachwerkstadt Gengenbach. Europapark Rust. Tabakmuseum Mahlberg.

Von den vielen Baggerseen entlang des Rheins ist der Waldmattensee in Lahr-Kippenheimweiler einer der beliebtesten. Ein Grund dafür ist sicher die äußerst gepflegte Liegewiese mit Schatten spendendem Baumbestand. Damit sie auch weiterhin so sauber bleibt und möglichst wenig Unrat entsteht, wurde das Grillen und Übernachten am See verboten. Ansonsten muss man aber auf nichts verzichten, was einen gelungenen Badetag verspricht. Komfort bieten die sanitären Anlagen und Umkleidekabinen. Für das leibliche Wohl sorgt das Anglerheim am See. Es gibt zwar kein ausgewiesenes Strandbad, aber wegen der Gefahren, die Baggerseen in sich bergen, wurde ein Badebereich gekennzeichnet, den man unter keinen Umständen verlassen sollte. Kleine Badegäste fühlen sich im

flachen Uferbereich wohl, wo sie in mit Sandsteinen abgeteilten Badebuchten ihre Burgen bauen und „Kuchen backen" können. Außerdem gibt es einen Sandkasten. Falls man sich sportlich betätigen möchte, sollte man selbst einen Ball oder Spiele mitbringen, da hier keine Sporteinrichtungen zur Verfügung stehen.

In der Umgebung von Emmendingen gibt es eine Vielzahl an Bade- und Baggerseen, die im Sommer zu einem erfrischenden Bad einladen. Da an manchen Seen noch Kies abgebaut wird, sind dies oft keine offiziell ausgewiesenen Badeseen.

Nach einem geruhsamen Badetag lohnt sich ein Ausflug nach Emmendingen, das einen schönen Altstadtkern mit alten Bürgerhäusern besitzt. Sehenswert sind u. a. das Stadttor (17. Jh.) und das Schlosserhaus, in dem Goethes Schwester Cornelia Schlosser lebte. In den vielen kleinen Straßencafés kann man gemütlich den Tag ausklingen lassen.

Badesee Emmendingen-Kollmarsreute - Der Badesee liegt zwischen der Elz und den Sportanlagen des SV Kollmarsreute. Wer einen Badesee ohne viel Rummel sucht und keine sanitären Einrichtungen braucht, liegt hier genau richtig.

Badesee Rohrlache / Teningen - Idyllischer Naturbadesee in der Nähe des Autobahnzubringers Teningen. Keine sanitären Einrichtungen. Gebührenfreie Parkplätze.

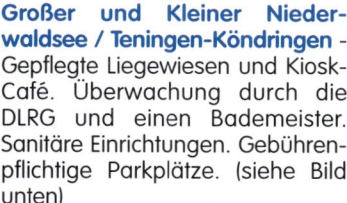

Badesee Teningen-Nimburg - Schöne Liegewiesen mit Schatten spendenden Bäumen, zum Teil auch FKK. Überwachung durch DLRG und Bademeister. Sanitäre Anlagen. Kiosk. Gebührenpflichtige Parkplätze. (siehe Bild oben)

Großer und Kleiner Niederwaldsee / Teningen-Köndringen - Gepflegte Liegewiesen und Kiosk-Café. Überwachung durch die DLRG und einen Bademeister. Sanitäre Einrichtungen. Gebührenpflichtige Parkplätze. (siehe Bild unten)

Freizeitanlage Großer und Kleiner See / Riegel - Die nördlich von Riegel, am Leopoldskanal gelegenen Seen besitzen schöne, gepflegte Liegewiesen und sanitäre Einrichtungen. Campingplatz, Tauchschule, Tennis und Kiosk. Gebührenfreier Parkplatz.

Badesee Malterdingen - Kleiner Naturbadesee etwas außerhalb von Malterdingen, an der Zufahrt zur A 5 gelegen. Keine sanitären Anlagen. Nur beschränkte Parkmöglichkeiten.

Weitere Badeseen in Bahlingen, Endingen, Kenzingen, Sasbach, Weisweil, Wyhl und Rheinhausen.

Den Besuch des Badesees sollte man mit einem kleinen Stadtbummel durch die malerische Altstadt von Freiburg verbinden.

- Baggersee: 7 ha
- Tiefe: bis 11 m
- Kein Strandbad

i Stadt Freiburg, Schul- und Sportamt,
79106 Freiburg, Tel: 0761/201-2330

Anfahrt - A 5, Ausfahrt Freiburg-Mitte, Richtung Stadtmitte, Wegweiser FR-Landwasser folgen, bis Endhaltestelle der Straßenbahn. - B 31 von Donaueschingen, Autobahnzubringer zur A 5, rechts nach FR-Landwasser abbiegen. - Bahnstation in Freiburg, Straßenbahn nach Landwasser bis Endhaltestelle.
Parken - Kostenlose P am See.
Badeplätze - Gepflegte Liegewiese. DLRG-Überwachung.
Sport & Spaß - Volleyball, Fußball, Minigolf.

Kinder - Teilweise flach abfallendes Ufer. Kinderspielplatz.
Essen & Trinken - Kiosk und Einkehrmöglichkeit am See.
Besonderheiten - Kein Hundeverbot. Grillstellen. Mitnahme des eigenen Grills ist erlaubt.
Sehenswertes in der Umgebung - Altstadt von Freiburg, Breisach und Staufen. Klosterkirche St. Peter. Wandergebiete des Kaiserstuhls und des Schwarzwaldes. Tiergehege Mundenhof in Freiburg.

Der Mooswaldsee liegt westlich von Freiburg im Stadtteil Landwasser. Die idyllische Lage mitten im Stadtwald und seine schöne, gepflegte Liegewiese laden zu einem gemütlichen Tag am See ein. Unter hohen Bäumen kann man sich auf der ausgedehnten Liegewiese ein schönes Plätzchen zum Entspannen suchen. Über teilweise sandig-kiesige Buchten gelangt

man ins erfrischende Nass, wo man sich nach Herzenslust austoben kann. Da es keine Badeinseln im See gibt, kann man sich eine Luftmatratze oder ein Schlauchboot mitnehmen, mit denen man zur Sandbank in der Mitte des Sees paddeln kann. Für die Sicherheit und Überwachung des Badebereichs sorgt die DLRG. Der Badesee ist zwar sehr geeignet für Kinder, aber an manchen Stellen fällt das Ufer doch relativ rasch ab, so dass man hier ein bisschen Vorsicht walten lassen sollte. Ansonsten gibt es für die Kleinen einen Spielplatz, auf dem sie sich vergnügen können. Der See ist außerdem auch für Rollstuhlfahrer geeignet, da der Zugang zum See meist flach verläuft.

Wer neben dem Schwimmen noch etwas mehr sportliche Aktivität braucht, kann sich auf dem Fußballfeld oder beim Volleyball ein Match liefern oder eine Runde um den See oder im benachbarten Stadtwald joggen. Für Abwechslung sorgt auch der schön angelegte Minigolfplatz, der noch einen kleinen Kiosk besitzt. Nahe am See gibt es zudem ein Restaurant, in dem badische Gerichte angeboten werden. Man bekommt dort aber auch kleine Snacks oder einen Imbiss. Wer die Lagerfeuerromantik liebt, kann sich an den vorhandenen Grillstellen oder auf dem eigenen, mitgebrachten Grill seine Steaks brutzeln. Besonders an lauen Sommerabenden sieht man dann zahlreiche Gruppen, die den Tag mit einer kleinen Grillparty ausklingen lassen.

Opfinger Baggersee

Der große Natursee vor den Toren Freiburgs bietet Ruhe und Erholung abseits der Strandbäder und Bäderparks.

Anfahrt - Von Freiburg Autobahnzubringer zur A 5, Richtung FR-Haslach, Richtung Opfingen rechts abbiegen.
Parken - Kostenlose Parkplätze.
Badeplätze - Schöne, gepflegte Liegeflächen rund um den See. FKK erlaubt. Keine DLRG-Überwachung.
Essen & Trinken - Kiosk und Imbiss.
Besonderheiten - Kein Hundeverbot. Grillstellen. Die Mitnahme des eigenen Grills ist erlaubt.
Sehenswertes in der Umgebung - siehe S. 40.

Der Opfinger Baggersee (45 ha) liegt ca. 4 km westlich von Freiburg inmitten eines Waldgebietes. Rund um den See gibt es schöne Badeplätze, teilweise kleinere Buchten oder ausgedehnte Liegewiesen. Der nördliche Teil des Sees ist aus Naturschutzgründen gesperrt und darf auch nicht mit Schlauchbooten etc. befahren werden. Viel Infrastruktur bietet der See zwar nicht (nur 1 WC-Anlage), aber dafür hat man Ruhe und Natur pur. Ein kleiner Kiosk mit Imbiss versorgt die Badegäste mit Erfrischungen und Snacks. Beliebt ist der See auch bei Anglern, die hier auf den großen Fang warten. Noch ein Hinweis zur Sicherheit: Da am See noch Kies abgebaut wird, ist der See nicht als offizieller Badesee ausgewiesen. Das Baden erfolgt daher auf eigene Gefahr.

In direkter Nachbarschaft zum Silbersee (s. S. 43) bietet auch der Tunisee viele Freizeitmöglichkeiten sowie die komfortablen Einrichtungen des angrenzenden Campingplatzes.

- Baggersee: keine Angaben zur Größe vorhanden
- Tiefe: keine Angaben
- Kein Strandbad

ℹ️ Campingplatz Tunisee, 79108 Freiburg-Hochdorf, Tel: 07665/2249

Anfahrt - A 5 Karlsruhe - Basel, AS Freiburg-Nord. Der Weg zum Campingplatz und See ist beschildert.

Parken - Kostenlose, unbewachte 🅿️. Fahrradabstellplätze.

Badeplätze - Schöne Liegewiese. Rollstuhlgerechter Zugang zum See. Behindertengerechte WCs und Duschen. DLRG-Überwachung. Kein FKK.

Sport & Spaß - Surfen, Tauchen (mit Tauchschule), Tischtennis, Platz für Ballspiele.

Kinder - Kein gesonderter Nicht-schwimmerbereich. Flach abfallendes Ufer. Spielplatz.

Essen & Trinken - Imbiss, Kiosk, Restaurant.

Besonderheiten - Hunde dürfen mitgebracht werden.

Sehenswertes in der Umgebung - Historische Altstadt Freiburg mit Münster. Klosterkirche St. Märgen. Feldberg, höchster Berg des Schwarzwaldes (1493 m). Europapark Rust. Viele Wandermöglichkeiten im Schwarzwald. Weitere attraktive Ausflugsziele im Elsass.

Eingebettet zwischen Kaiserstuhl und Schwarzwald, begeistert der Tunisee durch die Schönheit seiner Umgebung, aber auch durch das vielfältige Freizeitangebot, das sowohl Camping- als auch Badegästen offensteht. Gepflegte Liegewiesen laden zum Erholen und Entspannen ein. Eine große Auswahl an Aktivitäten gibt es für diejenigen, die sich gerne sportlich betätigen. Neben Tischtennisplatten steht ein Platz für die verschiedensten Ballspiele zur Verfügung. Auch „Wasserratten", die nicht nur das Badevergnügen suchen, werden sich am Tunisee wohlfühlen. Auf dem Surfbrett kann man sich hier über das Wasser treiben lassen. Wer die Unterwasserwelt des Tunisees kennen lernen möchte, kann hier auch tauchen und die entsprechenden Kenntnisse und Scheine bei der ansässigen Tauchschule erwerben. Kleine Badegäste können sich auf dem nett gestalteten Spielplatz austoben und auch am

flach abfallenden Ufer gefahrlos spielen. Ein weiterer Pluspunkt sind die sauberen, sanitären Anlagen des Campingplatzes, die auch den Badegästen zur Verfügung stehen und auch mit dem Rollstuhl zugänglich sind. Für das leibliche Wohl sorgen ein Restaurant sowie ein Imbiss-Stand und ein Kiosk.

Der Silbersee liegt nur wenige Autominuten von Freiburg entfernt - ein Bummel durch die schöne Universitätsstadt lässt sich also problemlos mit einem erfrischenden Badestopp verbinden!
- Baggersee: 3,5 ha
- Tiefe: bis 10 m
- Strandbad (Eintritt, ÖZ: 8 Uhr bis zum Einbruch der Dunkelheit)

i Breisgau-Camping am Silbersee, 79108 Freiburg, Tel: 07665/2346

Anfahrt - A 5 Karlsruhe - Basel, AS Freiburg-Nord. Der Weg zum Campingplatz und See ist beschildert. - Busverbindungen von Freiburg (Haltestelle ca. 10 Gehminuten vom See entfernt).

Parken - Unbewachte P (an Sonn- und Feiertagen gebührenpflichtig). Fahrradabstellplätze.

Badeplätze - Schöne Liegewiese. Rollstuhlgerechter Zugang zum See. Zeitweise DLRG-Überwachung. Separater FKK-Teil.

Sport & Spaß - Angeln, Rudern, Tischtennis, Minigolf. Diverse Sportanlagen sind in Planung.

Kinder - Flach abfallendes Ufer. Spielplatz.

Essen & Trinken - Restaurant und Kiosk.

Besonderheiten - Hundeverbot. Das Mitbringen eines eigenen Grills ist untersagt.

Sehenswertes in der Umgebung - Historische Altstadt Freiburg mit dem Freiburger Münster. Klosterkirche St. Märgen. Feldberg, höchster Berg des Schwarzwaldes (1493 m). Europapark Rust. Viele Wandermöglichkeiten im Schwarzwald. Weitere attraktive Ausflugsziele im Elsass.

Im Breisgau, am Fuße des Schwarzwaldes und damit an einem der wärmsten Plätze in Deutschland lädt der Silbersee zu einem erholsamen Badeaufenthalt ein. Auf dem angrenzenden Campingplatz, der den Badegästen eine gute Infrastruktur zur Verfügung stellt, kann man einen herrlichen Urlaub verbringen. Auf der großzügigen Liegewiese spenden Bäume angenehmen Schatten. Sogar an heißen Tagen findet hier jeder einen schönen Platz, da der Andrang nicht übermäßig groß ist. In einem abgetrennten Bereich kommen die FKK-Fans auf ihre Kosten. Über die vorhandenen Tischtennisplatten und den Minigolfplatz hinaus ist eine Erweiterung der Sportanlagen geplant. Auch so mancher Angler versucht an dem Gewässer sein Glück. Stille Genießer gleiten mit dem Ruderboot gemütlich über das Wasser. Für Kinder bietet das flach abfallende Ufer genug Platz, um gefahrlos zu planschen. Besonders lebhaft geht es natürlich auf dem Spielplatz zu! Nicht zuletzt ist am Kiosk und im gepflegten Restaurant des Campingplatzes auch für das leibliche Wohl der Gäste bestens gesorgt!

Wer Ruhe und Erholung in einer schönen Landschaft sucht, trifft mit dem Burkheimer Baggersee die richtige Wahl!

- Baggersee: 5 ha
- Tiefe: keine Angaben
- Kein Strandbad

ℹ Kaiserstühler Touristik-Information,
79235 Vogtsburg im Kaiserstuhl, Tel: 07662/94011

Anfahrt - A 5 Karlsruhe - Basel, AS Riegel, über Endingen nach Vogtsburg-Burkheim. Oder AS Freiburg-Süd, dann B 31 bis Breisach und weiter nach Vogtsburg-Burkheim. Die Anfahrt mit dem PKW zum See ist nur bis 20.30 Uhr möglich!
Parken - Kostenlose, unbewachte **P**. Keine Fahrradabstellplätze.
Badeplätze - Schöne Liegewiese. Rollstuhlgerechter Zugang zum See. Keine DLRG-Überwachung. FKK gestattet.

Sport & Spaß - Angeln.
Kinder - Relativ flach abfallendes, aber nicht an allen Stellen ungefährliches Ufer.
Besonderheiten - Hunde dürfen mitgebracht werden, aber nicht baden. Das Mitbringen eines eigenen Grills ist erlaubt.
Sehenswertes in der Umgebung - Historische Altstadt Freiburg mit Münster. Weinstadt Breisach am Rhein. Wandermöglichkeiten im Kaiserstuhl-Gebiet.

Am Fuße der Kaiserstuhlhänge mit ihren markanten Weinterrassen liegt der Burkheimer Baggersee, umrahmt von Bäumen und Schilf. Der See ist ein ideales Ziel für Badefans, die erholsame Ruhe in einer schönen Landschaft suchen und auf den Luxus sanitärer Einrichtungen verzichten können. Für den Proviant muss man hier ebenfalls selbst sorgen, da es keinen Kiosk oder andere Einkehrmöglichkeiten gibt. Dafür darf man einen eigenen Grill mitbringen und den Fang, den man mit etwas Glück vielleicht beim Angeln gemacht hat, gleich an Ort und Stelle zubereiten. Die Liegewiese fällt relativ flach in das Wasser ab. Trotzdem sollten Eltern ihre Kinder stets im Blick behalten, da vor allem die ganz kleinen Badegäste an manchen Stellen des Ufers den sicheren Stand verlieren können. In der Idylle der Natur rund um den See gibt es für Kinder bestimmt auch ohne Spielplatz viel Spannendes zu entdecken. Und wo könnte man besser Verstecken spielen als zwischen Bäumen und Gebüsch? Wer also einen ruhigen Tag ohne den Rummel eines Strandbades verbringen möchte, liegt am Burkheimer Baggersee genau richtig!

Vom bergmännischen Aufschlag-
teich entwickelte sich das Naturschwimmbad Sulzburg zu einer
Erholungsoase!

- Stausee: 0,7 ha
- Tiefe: bis 2,50 m
- Strandbad (Eintritt, ÖZ: in der
  Badesaison täglich 9-20 Uhr)

ℹ️ Tourist-Information,
79295 Sulzburg,
Tel: 07634/5600-40

Anfahrt - B 3 Freiburg - Weil am
Rhein, in Heitersheim Richtung
Sulzburg. - B 317 Titisee-Neustadt -
Lörrach, in Wembach Abzweigung
Richtung Müllheim, von dort nach
Sulzburg. - Bahnanschluss bis
Heitersheim oder Bad Krozingen,
von dort Busverbindungen. Busse
auch von Müllheim. Haltestelle im
Ortszentrum, ca. 15 Min. Fußweg
bis zum See.
Parken - Kostenlose, unbewachte
🅿. Fahrradabstellplätze.
Badeplätze - Liegewiese. Kein roll-
stuhlgerechter Zugang zum See.
Keine DLRG-Überwachung. Kein
FKK. Sonnenschirmverleih.

Sport & Spaß - Boule.
Kinder - Abgeteilter Nichtschwim-
merbereich. Spielplatz.
Essen & Trinken - Kiosk. Einkehr-
möglichkeiten im Ort.
Besonderheiten - Hundeverbot.
Das Mitbringen eines eigenen
Grills ist erlaubt.
Sehenswertes in der Umgebung -
In Sulzburg: Klosterkirche St. Cyri-
ak, Landesbergbau-Museum, res-
taurierte ehemalige Synagoge.
Kurort Bad Krozingen. Freiburg mit
seiner historischen Altstadt und
dem Münster. Weit ausgedehntes
Wanderwegenetz im Markgräf-
lerland.

Der Ursprung des Sees liegt im traditionsreichen Bergbau, der im 18.
Jahrhundert in Sulzburg zu Ende ging. Für ein Hammerwerk, das ein
Schweizer Geschäftsmann in dieser Zeit hier errichtete, wurden drei
Aufschlagteiche angelegt, die das Werk ständig mit ausreichend Wasser
versorgten. Aus diesen Teichen entstand in den 1930er-Jahren das
Naturschwimmbad. Bis heute entwickelte sich der See zu einer einzig-
artigen Oase. Nicht nur Erholung suchende Badefans finden hier ein
Plätzchen, auch für eine vielfältige Tier- und Pflanzenwelt stellt der See
einen wichtigen Lebensraum dar. Historischen Charme verbreiten die
Umkleidekabinen, die noch aus der Entstehungszeit stammen. Ansonsten sind die sanitären Anlagen natürlich auf dem neuesten Stand! Es
gibt zwar einen Nichtschwimmerbereich, das Ufer fällt aber stellenweise
abrupt ab, so dass Eltern immer gut auf ihre Kinder aufpassen sollten.
Kleine Erfrischungen bietet der Bademeister am Kiosk an - oder man
brutzelt sich sein Würstchen auf dem eigenen Grill. Und richtige Ferienstimmung kommt dann spätestens beim Boule-Spiel auf!

Umgeben von Wald und Wiesen liegt das Naturfreibad idyllisch auf den Schwarzwaldhöhen bei Schonach.

- Natursee: ca. 0,3 ha
- Tiefe: bis 2,60 m
- Naturfreibad (Eintritt, ÖZ: 11-19 Uhr, Sa./So. 10-19 Uhr)

Tourist-Information, 78136 Schonach, Tel: 07722/9648111

Anfahrt - A 5 bis Offenburg, B 33, Abzweig Schonach. - A 5, AS Freiburg, B 31 und B 500 Richtung Furtwangen. - A 81, AS Villingen-Schwenningen, B 33. - Bahnstation.
Parken - Gebührenfreie, unbewachte P. Fahrradabstellplätze.
Badeplätze - Ausgedehnte Liegewiese, Wasserrutschen. Kein rollstuhlgerechter Zugang. Überwachung durch DLRG. Kein FKK.
Sport & Spaß - Tischtennis, Ringtennis, Freilandschach, Mühle, Dame.
Kinder - Nichtschwimmerzone, Kinderwasserrutsche, Spielplatz mit Schaukeln und Sandkasten, Sonnenzelt für Kleinkinder und „Matsch-Platz".
Essen & Trinken - Kiosk im Strandbad. Einkehrmöglichkeiten im Ort.
Besonderheiten - Hundeverbot. Die Mitnahme eines Grills ist nicht erlaubt.
Sehenswertes in der Umgebung - Naturerlebnispfad Schonach, Triberger Wasserfälle. Altstadt von Villingen-Schwenningen. Berg-Wild-Park Steinwasen. Schwarzwälder Freilichtmuseum Vogtsbauernhof. Einmaliges Wandergebiet in der Umgebung.

Aus dem kleinen Natursee bei Schonach wurde ein herrliches Freibad geschaffen, das von einer durchgehenden niedrigen Befestigungsmauer eingefasst wird. Das Ufer fällt sehr flach ab, und in dem abgegrenzten Nichtschwimmerbereich mit eigener Kinderwasserrutsche können sich die kleinen Badegäste gefahrlos aufhalten. An Land stehen ein Spielplatz mit Sandkasten und Schaukeln sowie ein „Matsch-Platz" zur Verfügung, auf denen sich die Kleinen austoben können. Eine besonders sinnvolle Einrichtung ist das Sonnenzelt für Kleinkinder. Für die etwas älteren gibt es im Schwimmerbereich eine zweite Rutsche. Wer trotz der Hitze seinen Kopf anstrengen möchte, kann bei den Freilandspielen wie Schach, Mühle und Dame sein Können unter Beweis stellen. Oder aber man trifft sich zu einem kleinen Match an den Tischtennisplatten oder beim Ringtennis. Besonders Sportliche lockt ein Barren und ein Turnpferd. Für einen angenehmen Aufenthalt sorgen auch die sauberen und ausreichend vorhandenen sanitären Anlagen. Und wem es nach viel sportlicher Betätigung nach einer Erfrischung ist, den versorgt der kleine Kiosk mit gekühlten Getränken, Eis, Knabbereien und Süßigkeiten.

Seinen Namen verdankt das Naturfreibad dem historischen Kloster St. Georgen. Heute kann man hier in herrlicher Umgebung einen schönen Tag am See verbringen.
- Natursee: 2,5 ha
- Tiefe: bis 3,50 m
- Strandbad (Eintritt, ÖZ: 10-19 Uhr)

i Tourist-Information, 79112 St. Georgen im Schwarzwald, Tel: 07724/87194

Anfahrt - B 33 Offenburg - Singen. - Zug: Schwarzwaldbahn Offenburg - Singen. - Busverbindungen von Villingen-Schwenningen bzw. Triberg und Furtwangen.

Parken - Kostenlose, unbewachte **P**, z.T. auch für Wohnmobile. Fahrradabstellplätze.

Badeplätze - Große Liegewiese. Rollstuhlgerechter Zugang zum See. DLRG-Überwachung. Kein FKK.

Sport & Spaß - Angeln, Tret- und Ruderboote, Fußball, Tischtennis, Beach-Volleyball, Basketball (auch Verleih von Sportgeräten).

Kinder - Abgeteilter Nichtschwimmerbereich. Spielplatz.

Essen & Trinken - Kiosk. Weitere Einkehrmöglichkeiten im Ort.

Besonderheiten - Hundeverbot. Das Mitbringen eines eigenen Grills ist untersagt.

Sehenswertes in der Umgebung - In St. Georgen: Heimatmuseum „Schwarzes Tor", Deutsches Phonomuseum, Brigachquelle, Kobisenmühle. Triberger Wasserfall. Schwarzwaldmuseum in Triberg. Freilichtmuseum Vogtsbauernhof Gutach.

Mitten im „Ferienland", einem Verbund mehrerer Schwarzwaldgemeinden, gelegen, ist das Naturfreibad Klosterweiher ein beliebtes Ziel sowohl für Einheimische als auch für Feriengäste und bietet alles für einen gelungenen Badetag. Auf den weitläufigen Liegewiesen kann man es sich gemütlich machen, bevor man sich über die Treppen oder etwas schwungvoller vom Sprungbrett oder der Rutsche in den Bergsee begibt. Mit einem Ruder- oder Tretboot kann man sich gemächlich über das Wasser bewegen. Kinder werden vom Planschbecken und vom Matschbereich geradezu magisch angezogen. Auch auf dem Spielplatz wird es bestimmt keinem kleinen Badegast langweilig! Am Ufer sollten Eltern gut auf ihre Kinder aufpassen - an unebenen Stellen können die Kleinen leicht die Balance verlieren! Zum Vergnügen außerhalb des kühlen Nass tragen die Sporteinrichtungen bei - zur Auswahl stehen Fußball, Tischtennis, Beach-Volleyball und Basketball. Sanitäre Anlagen und Umkleidekabinen sind in ausreichender Zahl vorhanden. Für das leibliche Wohl sorgen ein Kiosk sowie zahlreiche Gasthöfe in St. Georgen.

Umgeben von der herrlichen Schwarzwaldlandschaft und historischen Klostergebäuden, lädt der Klosterweiher zu einem erholsamen Badeausflug ein.

- Natursee: 8,6 ha
- Tiefe: bis 4 m
- Naturfreibad (Eintritt, ÖZ: täglich 9-19 Uhr)

i Kurverwaltung, 79877 Friedenweiler, Tel: 07651/5034

Anfahrt - B 31 Freiburg - Donaueschingen, Abfahrt Friedenweiler. - Busverbindung von Neustadt/Schwarzwald.

Parken - Kostenlose, unbewachte P. Fahrradabstellplätze.

Badeplätze - Weitläufige, gepflegte Liegewiese. Rollstuhlgerechter Zugang zum See. DLRG-Überwachung. Kein FKK.

Sport & Spaß - Angeln, Ruderbootverleih, Volleyball, Tischtennis, Minigolf.

Kinder - Abgeteilter Nichtschwimmerbereich im beheizten Becken. Spielplatz.

Essen & Trinken - Kiosk mit Terrassencafé. Weitere Einkehrmöglichkeiten im Ort.

Besonderheiten - Hundeverbot.

Sehenswertes in der Umgebung - Peter-Thumb-Klosterkirche und Konventgebäude. Wutachschlucht bei Löffingen. Donaueschingen. Villingen-Schwenningen. Titisee (s. S. 49).

Der dunkelgrün schimmernde Klosterweiher am Ortsrand von Friedenweiler ist ein romantisches Ziel für Spaziergänger und Wanderer und ein beliebter Platz für Angler. Der See bietet aber auch viel Badespaß in idyllischer Umgebung. Auf den großen Liegewiesen finden mehrere Hundert Badegäste ohne Gedränge Platz. Wer es bequemer mag, kann auch Liegestühle mieten. Sanitäre Anlagen und Umkleidekabinen sind ebenfalls vorhanden. Das klare Wasser des Klosterweihers ist im wahrsten Sinne ein „kühles Nass", da der See von einem Wildbach gespeist wird. Als Alternative kann man sich im beheizten Becken tummeln, das

am Rand des Weihers angelegt wurde. Auch für Kinder ist dieses Becken besser geeignet, da das Seeufer nicht überall flach abfällt. Für Abwechslung und Spaß sorgen Badeinseln, Stege und ein Sprungbrett. Sportliche liefern sich ein heißes Match an der Tischtennisplatte und auf dem Volleyballfeld. In unmittelbarer Nähe befindet sich außerdem ein Minigolfplatz. Als ruhiger Ausklang bietet sich ein Besuch im Terrassencafé mit herrlichem Ausblick über den See oder eine Ruderbootfahrt an...

Trotz des großen Touristenandrangs hat der Titisee nichts von seiner natürlichen Schönheit eingebüßt.
- Natursee: 107 ha
- Tiefe: bis 42 m
- Strandbad (Eintritt, ÖZ: Mai bis September, täglich 9-19 Uhr)

ℹ️ Tourist-Information,
79822 Titisee-Neustadt,
Tel: 07651/9804-0

Anfahrt - B 31 Freiburg - Donaueschingen. - B 33/B 500 von Wolfach. - Zugverbindung von Freiburg mit der Dreiseenbahn bzw. mit der Höllentalbahn nach Titisee.
Parken - Gebührenpflichtige, teilweise bewachte P. Fahrradabstellplätze.
Badeplätze - Schöne Liegewiese. Rollstuhlgerechter Zugang zum See. DLRG-Überwachung. Kein FKK.
Sport & Spaß - Segeln, Angeln, Rudern, Fußball, Volleyball, Tischtennis.

Kinder - Abgeteilter Nichtschwimmerbereich. Flach abfallendes Ufer. Spielplatz. Spielgeräte im Wasser.
Besonderheiten - Hundeverbot. Das Mitbringen eines eigenen Grills ist untersagt.
Sehenswertes in der Umgebung - Stadtbesichtigung Freiburg mit Münster. Wildromantische Ravenna-Schlucht mit Wasserfällen, Mühle und idyllischem Weiher. Schwarzwaldpark Löffingen. Klosterkirchen St. Peter und St. Märgen. Feldberg, mit 1493 m der höchste Berg des Schwarzwaldes.

Der größte Natursee des Schwarzwaldes entstand vor Jahrmillionen als eiszeitlicher Karsee aus dem Feldberggletscher. Das Gewässer wird vom Feldsee gespeist und fließt weiter als Gutach bzw. Wutach. Noch im ersten Drittel des 20. Jahrhunderts gab es hier nur wenige Einzelhöfe. Inzwischen hat sich der Titisee zu einem äußerst beliebten Fremdenverkehrsziel entwickelt. Ein Grund dafür ist sicherlich seine herrliche Lage, umrahmt von Wäldern. Doch auch die vielen Freizeitmöglichkeiten rund um den See locken immer mehr Gäste hierher - nicht zuletzt auch viele Badefans!
Das Freibad, das direkt am Titisee liegt, hat für jeden Geschmack und jedes Alter das Richtige zu bieten. Die ganz kleinen Badegäste können im Kinderbecken ungestört planschen und sich mit den Spielgeräten im Wasser austoben. Ein Spielplatz mit Sandkasten darf natürlich nicht fehlen! Die Rettungsschwimmer der DLRG passen auf, dass den Kleinen (und selbstverständlich auch den Großen!) nichts passiert. Für genug Abwechslung sorgt bereits die Tatsache, dass man zwischen einem Bad im See und den verschiedenen, beheizten Becken wählen kann. Schwungvoll kann man sich über die Rutschen ins kühle Nass gleiten lassen. Im Wasser

stehen Badeinseln für eine Verschnaufpause bereit. An kühleren Tagen schätzen viele Badegäste die angenehmen Temperaturen der Wärmehalle mit ihrem Schwimmkanal. Wer es sich nach dem Schwimmen gemütlich machen möchte, sucht sich einen ruhigen Platz in der Liegehalle. Und sollte die Sonne einmal nicht so intensiv scheinen, kann man sich die sommerliche Bräune auch im Solarium holen. Für das körperliche Wohlbefinden sorgt darüber hinaus eine Wassertretstelle. Möchte man auch seinen Geist anstrengen, macht eine Partie Gartenschach bestimmt viel Spaß. Für Sportliche bietet sich außerdem die Gelegenheit zu Fußball, Volleyball, Tischtennis und Minigolf.

Außer für Schwimmer hält der See auch für andere Wassersportler ein abwechslungsreiches Angebot bereit. Da sich im See eine große Vielfalt an Fischarten wie Hecht, Zander, Forelle, Barsch, aber auch Döbel, Schleie, Aal und Felchen tummelt, versuchen hier viele Petrijünger ihr Glück. Eine Surf- und Segelschule vermittelt alles, was man über Wind und Wellen wissen muss. All denen, die auf gemütliche Art den See erkunden möchten, sei der Bootsverleih empfohlen. Hier kann man Tret- und Ruderboote sowie Motorboote mieten. Um die Belastung für den See und die anderen Gäste so gering wie möglich zu halten, sind nur Boote erlaubt, die mit einem Elektromotor angetrieben werden. Die ganze Schönheit des Sees erlebt man während einer Rundfahrt mit einem der vier größeren Ausflugsboote.

Wer rund um den Titisee seine Ferien verbringen möchte, dem bietet sich hier auch während eines längeren Aufenthaltes viel Abwechslung. Ein weitläufiges Netz von Rad- und Wanderwegen erschließt dem Naturfreund die herrliche Umgebung. Außerdem sorgt ein breit gefächertes Veranstaltungsprogramm in Titisee-Neustadt dafür, dass garantiert keine Langeweile aufkommt. Von Theaterauf-führungen bis zum Jazz-Sommer, von Brauchtumsabenden bis zum Seenachtsfest reicht die bunte Palette. Die Seele baumeln und die Sinne verwöhnen lassen kann man in zahlreichen Wellness-Einrichtungen. Mit modernsten Behandlungsmethoden und den ältesten Heilmitteln kann man sich hier Gutes tun. Kneippkuren, Gymnastik, Joggen, Heilanwendungen und Spezialtherapien bringen Gesundheit und Entspannung. In etwas anderer Hinsicht sorgen die zahlreichen Gasthöfe rund um den See für das leibliche Wohl: Bei Schwarzwälder Köstlichkeiten kann man hier den Tag voller neuer Eindrücke ausklingen lassen...

Der Windgfällweiher lädt zu einem ruhigen Badeaufenthalt am Fuße des Feldbergs ein.

- Natursee: 8 ha
- Tiefe: bis 2 m
- Strandbad (Eintritt, ÖZ: täglich 9-18 Uhr)

🛈 Tourist-Information,
79868 Feldberg,
Tel: 07655/801-9

Anfahrt - B 500 Titisee-Neustadt - Waldshut-Tiengen. - Von Freiburg B 31 bis Titisee-Neustadt, dann B 317 und B 500 nach Feldberg-Altglashütten. - Zugverbindung nach Bärental, von dort weiter mit dem Bus direkt zum See.

Parken - Kostenlose, unbewachte P. Fahrradabstellplätze.

Badeplätze - Schöne Liegewiese. Rollstuhlgerechter Zugang zum See. Keine DLRG-Überwachung. FKK ist gestattet.

Sport & Spaß - Angeln, Surfen, Tischtennis.

Kinder - Abgeteilter Nichtschwimmerbereich. Flach abfallendes Ufer. Spielplatz.

Besonderheiten - Hunde dürfen mitgebracht werden. Das Mitbringen eines eigenen Grills ist erlaubt.

Sehenswertes in der Umgebung - Feldberg, höchster Schwarzwaldberg (1493 m). Klosterkirche St. Blasien. Wutachschlucht.

Noch eher ein Geheimtipp mit wenig Andrang ist der Windgfällweiher in der reizvollen Umgebung des Feldbergs. Der von Wald und Schilf umgebene See bietet nicht nur Badevergnügen. Man kann hier auch sein Anglerglück versuchen und surfen. Vom Steg des Strandbades genießt man entweder den schönen Blick über den See oder begibt sich gleich in das kühle Nass. Zu sportlichen Aktivitäten außerhalb des Wassers verlocken die vorhandenen Tischtennisplatten. Für die kleinen Badegäste gibt es einen Spielplatz. Auch der Uferbereich ist für Kinder ungefährlich, da er nur gering abfällt.

Da der See nicht von der DLRG o. ä. überwacht wird, sollten Eltern jedoch trotzdem aufmerksam auf ihre Kinder achten. Auf sanitäre Einrichtungen und Umkleidekabinen muss man im Strandbad ebenso wenig verzichten wie auf kleine Snacks und erfrischende Getränke vom Kiosk. Schwarzwälder Spezialitäten kann man außerdem in der Gastronomie in der Nähe des Sees genießen.

Als Ausflugs- oder Wanderziel zeigt der größte Schwarzwaldsee ebenso viele attraktive Facetten wie als Wassersportzentrum.

- Stausee: 512 ha
- Tiefe: bis 60 m
- Spaßbad „aqua fun" (Eintritt, Saison: Mitte Mai bis Mitte September)

i Tourist-Information, 79859 Schluchsee, Tel: 07656/7732-33

Anfahrt - A 5 Karlsruhe - Basel, AS Freiburg-Mitte. B 31 Richtung Titisee-Neustadt, dann B 500 Richtung Waldshut-Tiengen. - Bahnverbindung von Freiburg oder Donaueschingen bis Titisee, dann mit der Dreiseenbahn nach Schluchsee.

Parken - 1200 unbewachte **P**, z. T. gebührenpflichtig. Fahrradabstellplätze.

Badeplätze - Spaßbad „aqua fun" in Schluchsee mit weitläufigen Liegewiesen. Kein rollstuhlgerechter Zugang zum See. FKK wird geduldet.

Sport & Spaß - Segeln, Surfen, Tauchen (jeweils mit Schule und Geräteverleih). Verleih von Ruder-, Tret- und Elektrobooten. Fußball, Tischtennis, Volleyball, Minigolf.

Kinder - Abgeteilter Nichtschwimmerbereich im Strandbad. Flach abfallendes Ufer. Spielplatz.

Besonderheiten - Leinenzwang und Badeverbot für Hunde. Das Mitbringen eines eigenen Grills ist erlaubt.

Sehenswertes in der Umgebung - Klosterkirche St. Blasien. Wutachschlucht. Freiburg mit Münster. Feldberg, höchster Berg des Schwarzwaldes (1493 m).

Weitere Strandbäder am Schluchsee - Naturstrandbad in Seebrugg.

Schon die Ausmaße des Schluchsees sind beeindruckend. Mit 512 ha ist der einstige Gletschersee der größte See des Schwarzwaldes. Das insgesamt 18 km lange Ufer ist überall zum Baden zugänglich. Diesen Dimensionen entsprechend ist auch das Freizeitangebot am Schluchsee äußerst vielfältig. Für erlebnisreiche Wanderungen eignet sich die Gegend ebenso wie für ausgiebige Radtouren. Besonders schöne Eindrücke gewinnt man bei einer Tour um den Schluchsee oder bei einer Ausflugsfahrt mit dem „Nikolausdampfer"! Im Laufe der Jahre entwickelte sich der Schluchsee zu einem Zentrum des Wassersports im Schwarzwald. Im Ortsteil Aha gleiten die Segler und Surfer über das Wasser. Grundkenntnisse und den letzten Schliff vermittelt die ansässige Surf- und Segelschule. Dass ein Tauchausflug nicht immer zu tropischen Riffen oder in das Mittelmeer führen muss, beweist die wachsende Beliebtheit des Schluchsees als Tauchrevier. Eine Schule erschließt Anfängern und Fortgeschrittenen eine ganz besondere Unterwasserwelt! Bei der Seeaufstauung wurden Wälder und einige Gebäude überflutet, deren Mauerreste man erkunden kann. Außerdem erkennt man unter Wasser die alte Poststraße, die um den ursprünglichen See verlief. Am vielseitigen Fischbestand des Schluchsees erfreuen sich auch die zahlreichen Angler, die in der Wolfsgrundbucht und in der Kaiserbucht ihr Glück versuchen. Zum guten Erholungswert und der hervorragenden Wasserqualität trägt sicherlich sicher, dass am Schluchsee nur Ruder-, Tret- und Elektroboote vermietet werden. Als Badesee blickt der Schluchsee auf eine lange Tradition zurück. 1562 gab es hier die erste so genannte „Badestube" mit Weinausschank. Heute bietet das Naturstrandbad in Seebrugg viel Ruhe und Erholung in Verbindung mit allen Annehmlichkeiten eines Strandbades.

Eine besondere Attraktion ist das Spaßbad „aqua fun" in Schluchsee, das neben einem direkten Zugang zum See über viele Erlebnisbereiche für Groß und Klein verfügt. Auf der großen Liegewiese findet jeder das richtige Plätzchen, um sich zu erholen und die schöne Umgebung zu genießen. Wer nach ein paar geschwommenen Runden seine Muskeln entspannen möchte, lässt sich vom Strahl des Wasserpilzes oder von den Sprudelkissen sanft massieren. Im Fitness- und Spielraum kann man sich sportlich betätigen. Für alle, die es etwas actionreicher mögen, steht die 75 m lange Superrutsche bereit. Rasant gleitet man hier in das Strömungsbecken, wo es schwungvoll weitergeht! Auch für Kinder gibt es spezielle Becken, in denen sie gefahrlos planschen können. Eine kleine Rutsche und die Spielgeräte im Wasser lassen bei den Kleinen viel Spaß aufkommen. Durch den großen Abenteuerspielplatz fließt sogar ein richtiger Bach, an dem der eigene kleine Stausee entstehen kann. Viel Sand lädt zum Buddeln und Burgenbauen ein, für weitere Abwechslung sorgt der Kletterturm. Für den Spieltrieb der Großen stehen Flächen und Figuren für eine Partie Gartenschach und das Damespiel zur Verfügung. Außerdem kann man zwischen Fußball, Tischtennis, Volleyball und Minigolf wählen. Wem die verschiedenen Becken nicht ausreichen, genießt die Weite des Sees. Das Ufer fällt so flach ab, dass auch kleine Badegäste unter den aufmerksamen Blicken der DLRG-Mannschaft hier sicher in den See waten können. Für große Schwimmer sind die Badeinseln im See verlockende Ziele. Natürlich dürfen sanitäre Anlagen in einem so modernen Bad nicht fehlen. Für das leibliche Wohl ist im Restaurant mit Seeblick von der Terrasse bestens gesorgt.

Der romantisch am Waldrand gelegene Schlüchtsee ist ein besonderes Kleinod für Naturliebhaber.

- Natursee: 6 ha
- Tiefe: bis 5 m
- Kein Strandbad

ℹ️ Kurverwaltung Grafenhausen, 79865 Grafenhausen, Tel: 07748/52041

Anfahrt - B 31 von Freiburg, B 317, Richtung Feldberg, B 500 zum Schluchsee, Abzweig nach Grafenhausen. - B 500 von Waldshut-Tiengen. - B 31 von Donaueschingen, über die Wutachschlucht, Bonndorf und Rothaus. - Bahnverbindung nach Schluchsee-Seebrugg, Bus bis Grafenhausen-Rothaus, ca. 1 km Fußweg vom See.

Parken - Kostenlose P.

Badeplätze - Gepflegte Liegewiese, Badeinsel. Rollstuhlgerechter Zugang zum See. Überwachung durch DLRG. Kein FKK.

Sport & Spaß - Tischtennis, Angeln. Schönes Wandergebiet im Schwarzwald.

Kinder - Flach abfallender Uferbereich.

Essen & Trinken - Imbiss und Kiosk mit schöner Seeterrasse.

Besonderheiten - Hundeverbot. Grillstellen. Das Mitbringen eines Grills ist erlaubt. Die nördlichen Uferbereiche sind gesperrt.

Sehenswertes in der Umgebung - Heimatmuseum Hüsli (Schwarzwaldklinik), Museumsmühle Tannenmühle mit Tiergehege. Herrliches Wandergebiet in der Umgebung und am Feldberg.

Wer sein Badevergnügen ohne viel Rummel und ohne die Hektik eines Strandbades genießen möchte, wird sich am Schlüchtsee sicherlich wohlfühlen. Trotz der naturnahen, unverbauten Anlage muss man aber nicht auf die Annehmlichkeiten von sanitären Einrichtungen und Umkleidekabinen verzichten. Auch steht ein Kiosk zur Verfügung, der die Badegäste mit Erfrischungen und kleinen Imbissen versorgt. Für Grillfreunde gibt es eine öffentliche Grillstelle oder man kann sich den Grill von zu Hause mitbringen. Die gepflegte Liegewiese an der Südhälfte des Sees lädt zur Entspannung und Erholung ein. Die sportlich Aktiveren können an den Tischtennisplatten ein Match austragen. Für organisierte Gruppen gibt es am See auch einen Jugendzeltplatz mit einem Gemeinschaftshaus, sanitären Anlagen und Aufenthaltsraum. Aus Naturschutzgründen ist auf der nördlichen Seite des Sees das Baden nicht gestattet. Die Feuchtwiesen sowie der üppige Seerosenteppich im Sommer sind als Naturschutzgebiet ausgewiesen und besonders schützenswert.

Das Freizeitzentrum rund um den Riedsee ist ein großer Anziehungspunkt für Bade- und Campinggäste von nah und fern.

- Baggersee: 2 ha
- Tiefe: bis 5 m
- Strandbad (Eintritt, ÖZ: 15. Mai - 15. September, täglich 9-19 Uhr)

i Riedsee-Camping, 78166 Donaueschingen, Tel: 0771/5511

Anfahrt - A 81 Stuttgart - Singen, AS Geisingen, B 33 Richtung Donaueschingen, in Pfohren der Beschilderung zum Campingplatz folgen. - Busse von Donaueschingen und Tuttlingen, Haltestelle ca. 800 m vom See entfernt.

Parken - Kostenlose, unbewachte **P**. Fahrradabstellplätze.

Badeplätze - Große Liegewiese. Rollstuhlgerechter Zugang zum See. Überwachung durch DLRG. Kein FKK.

Sport & Spaß - Angeln, Segeln, Surfschule, Fußball, Tischtennis.

Kinder - Es wurde ein Nichtschwimmerbereich ausgewiesen. Das Ufer fällt flach ab. Spielplatz.

Essen & Trinken - Kiosk. Restaurant auf dem Campingplatz.

Besonderheiten - Hunde dürfen nicht mitgebracht werden. Das Benutzen eines eigenen Grills ist untersagt.

Sehenswertes in der Umgebung - Historische Altstadt Donaueschingen mit Schloss und Donauquelle. Villingen-Schwenningen. Burg Wartenberg bei Geisingen. Wutachschlucht bei Löffingen.

In Verbindung mit einem Campingplatz und dem daran angegliederten Strandbad stellt der Riedsee ein beliebtes Ziel für Wochenendausflüge und Ferienaufenthalte dar und eignet sich für die ganze Familie. Neben dem Badebereich sind hier weitere Wassersportarten vertreten: Als Revier für Segler und Surfer ist der Riedsee ebenso beliebt wie bei Anglern, die auf einen guten Fang hoffen dürfen. Auch an Land kann man sich vielfältig sportlich betätigen: Fußball- und Tischtennisfans kommen hier voll auf ihre Kosten. Für kleine Badegäste ist ebenfalls viel geboten. Der Nichtschwimmerbereich ist durch eine Kette von der übrigen Badezone abgeteilt, so dass sich kein Kind an tiefere Stellen verirren kann. Außerdem wacht die DLRG-Mannschaft aufmerksam über das flach abfallende Ufer. Weitere Abwechslung für die Kleinen bietet der schön gestaltete Spielplatz. Wer schon sicher schwimmt, für den sind die Badeinseln im See ein reizvolles Ziel, um für die nächsten Schwimmzüge neue Kraft zu tanken und sich von der Sonne bräunen zu lassen. Auch auf den Stegen kann man herrlich faulenzen. Für das leibliche Wohl sorgt ein Kiosk, außerdem kann man im Restaurant des Campingplatzes einkehren.

Eingebettet in die reizvolle Hügellandschaft des Alpenvorlandes ist der Bodensee eines der beliebtesten Urlaubsziele Deutschlands und zieht jährlich zahlreiche Besucher an die Ufer des „Schwäbischen Meeres". Als älteste europäische Kulturlandschaft bietet die Bodensee-Region eine Fülle an Sehenswürdigkeiten und Kunstschätzen, wie z.B. die Pfahlbauten in Unteruhldingen, Kloster Birnau, Schloss Salem und das Benediktinerkloster auf der Insel Reichenau. Städte wie Konstanz, Lindau, Meersburg und Überlingen bestechen mit ihren malerischen mittelalterlichen Stadtbildern.

Nicht nur kulturell, sondern auch in sportlicher Hinsicht hat der Bodensee eine Menge zu bieten. Er ist ein Eldorado für Wanderer, Radfahrer und Wassersportler. Rund um den See gibt es Möglichkeiten, ein Segelboot zu mieten, Surfkurse zu besuchen, einen Tauchgang zu unternehmen oder einen erholsamen und erlebnisreichen Badetag zu verbringen. Vom Aquapark bis zum ruhigen Naturfreibad - der Bodensee hat alles zu bieten.

i Internationale Bodensee-Tourismus GmbH, Postfach 10 09 51, 78409 Konstanz, Internet: www.bodensee-tourismus.de

● Empfehlenswert ist die Bodensee-Erlebniskarte, mit der man in den Strandbädern freien Eintritt hat.

Konstanz und Umgebung
Freibad Horn - Schöne Liegewiese mit FKK-Bereich. Sanitäre Anlagen. Stege, Badeinseln, Planschbecken, Kinderspielplatz, Tischtennis, Beach-Volleyball, Ringtennis, Basketball, Softball, Badminton. Minigolfplatz. Kiosk, Imbiss. Großer Parkplatz. Freier Eintritt.

Rheinstrandbad - Denkmalgeschütztes See-Freibad aus dem Jahre 1936 mit Seewasserzone, Liegewiese, Duschen und Umkleidekabinen, Spielplatz und Restaurant. Eintritt. ÖZ: 9-21 Uhr.

Bodensee-Therme - Im Erholungsgebiet Horn. Große Liegewiese mit Seezugang, Thermalbecken, 50-m-Sportbecken, Nichtschwimmerbecken mit Rutschen, Planschbecken, Spielplatz, Solarien, Wärmehalle. Restaurant.

Strandbad Wallhausen - Große Liegewiese. Stege, Badeinseln, Kinderspielplatz, Beach-Volleyball, Minigolf. Restaurant und Kiosk. Freier Eintritt.

Strandbad Dingelsdorf - Strandbad mit angegliedertem Campingplatz. Schöne Liegewiese und sanitäre Anlagen. Badeinseln, Kinderspielplatz, Beach-Volleyball. Restaurant und Kiosk. Freier Eintritt.

Strandbad Litzelstetten - Strandbad mit schöner Liegewiese. Sanitäre Anlagen. Nichtschwimmerbereich und Planschbecken. Badeinseln, Stege. Beach-Volleyball. Restaurant und Kiosk. Freier Eintritt.

Radolfzell und Umgebung

Strandbad (Mettnau) - Größtes Strandbad am Bodensee, idyllisch gelegen auf der Halbinsel Mettnau. Liegewiese mit mächtigen Bäumen. Flach abfallendes Ufer. Kinderspielplatz, Floß, Beach-Volleyballfeld, Fußball, Tischtennis. Sanitäre Anlagen. Restaurant mit internationalen und hausgemachten Spezialitäten. Kiosk. Eintritt. ÖZ: 8-22 Uhr (April-September).

Herzenbad - In Stadtnähe, neben dem Yachthafen gelegenes Strandbad mit großer Liegewiese und sanitären Anlagen. Das flach abfallende Ufer ist sehr geeignet für Kinder. Freier Eintritt.

Seebad - Schöne, große Liegewiese. Abgetrennter Nichtschwimmerbereich, Kinderspielplatz und Badeinseln. DLRG-Überwachung. Sanitäre Anlagen. Kiosk und Imbiss. Eintritt. ÖZ: 8-21 Uhr (Mai-September).

Böhringer See (OT Böhringen) - Gepflegte Liegewiese. Nichtschwimmerbereich. Für Freizeitspaß sorgen Stege und Badeinseln im Wasser. Keine DLRG-Überwachung. Sanitäre Einrichtungen. Eintritt. ÖZ: 8-20 Uhr.

Strandbad am Steißlinger See - Ca. 8 km vom Bodensee entfernt, mit hervorragendem Freizeitangebot: Kinderplanschbecken, Sport- und Spielgeräte, Beach-Volleyballfeld, Schließfächer. Nichtschwimmerbereich. Schöne Liegewiese mit altem Baumbestand. Eintritt. ÖZ: 9-20 Uhr.

Strandbad Moos - Große Liegewiese, von der ein Steg ins Wasser führt. Schwimmfloß, Kinderspielplatz und Tischtennis. Sanitäre Anlagen. Parkplätze. Kiosk und Imbiss. Eintritt. ÖZ: Mai-September.

Strandbad Iznang - Gepflegte Liegewiese mit Schatten spendenden Bäumen. Schwimmfloß und Kinderspielplatz, Tischtennis, Volleyball. Sanitäre Anlagen. Parkplätze. Kiosk und Imbiss. Eintritt. ÖZ: Mai-September.

Strandbad Horn - An der Spitze der Halbinsel Höri gelegenes Strandbad mit sanitären Anlagen, Kiosk, Surfschule und Minigolfplatz. Weitere Badeplätze in Gundholzen, Gaienhofen, Hemmenhofen.

Strandbad Öhningen - Eines der schönsten Naturfreibäder am Bodensee mit schattiger, großer Liegewiese und altem Baumbestand. Idealer Sandstrand für Kinder. Floß und Sprungturm. Kiosk mit Terrasse. Eintritt. ÖZ: 8-18 Uhr (Mai bis September)

Bodman-Ludwigshafen

Strandbad Bodman - Freibad mit großer Liegewiese am See. Freizeiteinrichtungen wie Kinderspielplatz, Volleyballfeld und Tischtennis. Kostenpflichtige Parkplätze. Eintritt. ÖZ: Mai bis Mitte September.

Freibad Ludwigshafen - Schönes Strandbad mit Kinderspielplatz, Stege im Wasser, Tischtennis, Möglichkeiten zum Tauchen, Segeln und Surfen. Kiosk und Imbiss. Kostenpflichtige Parkplätze. Eintritt.

Strandbad-West / Überlingen - Ausgedehnte Liegewiese zwischen Bäumen. Spielplatz, Stege, Sprungbretter, Tischfußball, Tischtennis, Volleyball. Rollstuhlgerechter Seezugang. Kiosk, Imbiss. Eintritt. ÖZ: 9-20 Uhr.

Unteruhldingen - Strandbad mit schöner Liegewiese an den Pfahlbauten. Beach-Volleyballfeld, Tischtennis, Minigolf, Spielplatz. Cafés. DLRG-Überwachung am Wochenende. Freier Eintritt.

Frei- und Thermalbad Meersburg - Attraktives Thermalbad mit Liegewiese und Seezugang. Ausgedehnte Badelandschaft mit 50-m-Sportbecken, Nichtschwimmerbecken mit Rutsche, Planschbecken, Thermalbecken, Massagedüsen, Wasserpilz, Wärmehalle, Wassergymnastik, Sauna und Sonnenbank. Volleyballfeld, Mühle-Dame-Schach-Spiele, Tischtennis, Spielplatz und Sitzstufen am Seeufer. Modernes SB-Restaurant. Eintritt.

Natur-Strandbad Hagnau - Öffentlicher Badeplatz bei den Campingplätzen. Schöne Liegewiese mit alten Bäumen. Sanitäre Einrichtungen. Kinderspielplatz, „Bananaboot". Café-Kiosk.

Strand- und Hallenbad Aquastaad / Immenstaad - Herrliche Liegeflächen, Bodensee-Naturstrand, Badeinseln, Planschbecken, Hallenbad mit Massagedüsen, Sole-Dampfbad, Erlebnisdusche, Solarium, Liegestuhlverleih. Beach-Volleyball, Tischtennis, Badminton, Basketball, Wassergymnastik. Animation für Kinder, Spielplatz, „Bananaboot" und Grillplatz. Schönes Restaurant mit Terrasse. Parkplätze. Eintritt.

Friedrichshafen
Strandbad Friedrichshafen - Große Spiel- und Liegewiese mit Naturstrand. Bootsvermietung und Restaurant-Kiosk. Eintritt. ÖZ: 9-20 Uhr (Mitte Mai bis September).
Frei- und Seebad Fischbach - Westlich von Friedrichshafen, mit ausgedehnter Liegewiese, beheiztem Außenbecken, Wärmehalle, Sauna, Solarium, Kinderbecken, Breitrutsche und Naturstrand. Restaurant. Eintritt.

Strandbad Eriskirch - Große Anlage mit attraktivem Freizeit- und Sportangebot. 50-m-Sportbecken, Sprungturm, Rutsche, riesiges Planschbecken und Platz zum Sandeln, Beach-Volleyball, großzügige Liegewiese und Naturstrand am See. Viele Parkplätze und Restaurant. Eintritt.

Strandbad Langenargen - Direkt am See gelegen mit schönen Liegeflächen, beheiztem Schwimmbecken, Spaßbecken für Kinder mit Wasserpilz und Rutsche, Kinderplanschbecken und Spielgeräten. Café mit Kiosk und Imbiss. Eintritt. ÖZ: 9-20 Uhr (Mitte Mai bis Mitte September)

Naturstrandbad Kressbronn - Große Spiel- und Liegewiese mit Schatten spendenden Bäumen. Neuer Wasserspielbereich für Kinder, Beach-Volleyball, Tischtennis. Kiosk. Kostenloser Parkplatz. Eintritt. ÖZ: 9-19 Uhr.

Die weitläufige Sport- und Freizeit-
anlage des Schloss-Sees in Salem
ist ein herrliches Badeparadies für
Jung und Alt.
- Baggersee: ca. 5 ha
- Tiefe: bis 5 m
- Strandbad (Eintritt, ÖZ: 9-21 Uhr,
  Saison: 15.05.-15.09.)

i Gemeinde Salem,
88682 Salem, Tel: 07553/823-0

Anfahrt - B 31 von Friedrichshafen
bzw. Stockach, Abzweig nach
Salem. - B 30 von Ulm, ab Ravens-
burg B 33 bis Markdorf, dort Ab-
zweig nach Salem.
Parken - Gebührenfreie P. Fahr-
radabstellplätze.
Badeplätze - Große Liegewiese,
Badeinseln, Rutschen, Stege. Roll-
stuhlgerechter Zugang zum See.
Überwachung durch DLRG.
Sport & Spaß - Fußball, Volleyball,
Tischtennis, Boccia, Basketball,
Tennis, Minigolf, Ringtennis,
Schießen, Angeln.
Kinder - Flaches Ufer mit Nicht-
schwimmerzone. Kinderspielplatz
und Spielgeräte im Wasser.
Essen & Trinken - Imbiss und Kiosk.
Besonderheiten - Hundeverbot.
Grillen nicht erlaubt. Teile des Ufer-
bereichs gesperrt.
Sehenswertes in der Umgebung -
Salemer Schloßseefest, Schloss
Salem, Affenberg. Kloster Birnau.
Bodensee.

Aus einer ehemaligen Kiesgrube entstanden, bietet der See heute eine
breite Palette an Freizeit- und Sportmöglichkeiten, z. B. Volleyball,
Basketball, Fußball, Tischtennis etc. Für die Badevergnügen wurde ein
großer Steg angelegt, der im Zick-Zack in den See hinein führt, und die
große aufblasbare Aquajump-Krake in Ufernähe ist eine Attraktion bei
Kindern und Jugendlichen. Auch für die kleinen Badegäste ist der See
bestens geeignet, da das Ufer flach abfällt und ein Nichtschwimmerbereich ausgewiesen ist. Ideal ist zudem der herrliche Sandstrand, an
dem die Kleinen herumtollen, matschen und Burgen bauen können. Die
schön angelegte und gepflegte Liegewiese erstreckt sich fast um die
Hälfte des Sees und lädt zum Sonnenbaden oder zum Faulenzen unter

den hohen Bäumen ein. Überwacht
wird das lebendige Treiben von den
Mitgliedern der DLRG, die von ihrem
Ausguck den ganzen Badebereich
im Blick haben. Und da ein ausgie-
biger Badetag auch immer hungrig
und durstig macht, versorgt der
Kiosk den Badegast mit kleinen
Snacks, Kaffee und Kuchen oder
Erfrischungen.

Mit seinen gepflegten Liegewiesen, seinem klarem Wasser und vielen Einrichtungen für Groß und Klein ist der Flappachweiher ein beliebtes Ziel für die ganze Familie.

- Natursee: ca. 0,6 ha
- Tiefe: bis 6 m
- Strandbad (Eintritt, ÖZ: Mo.-Fr. 9.00-20.15; Sa., So., Fei. 8.00-20.15)

ℹ️ Tourist Information, 88212 Ravensburg, Tel: 0751/82-401

Anfahrt - B 32 Bad Saulgau - Wangen i. Allgäu. - B 30 Ulm - Friedrichshafen. - B 33 von Meersburg.- Im Sommer „Badebusse" vom Busbahnhof Ravensburg.

Parken - Kostenlose, unbewachte 🅿️. Fahrradabstellplätze.

Badeplätze - Große Liegewiese. Rollstuhlgerechter Zugang zum See. DLRG-Überwachung. Kein FKK.

Sport & Spaß - Angeln (über den örtlichen Verein), Fußball, Tischtennis, Volleyball (mit Geräteverleih).

Kinder - Abgeteilter Nichtschwimmerbereich mit Sandstrand. Flach abfallendes Ufer. Spielplatz. Große Spielwiese mit Spielschiff.

Essen & Trinken - Cafeteria.

Besonderheiten - Hundeverbot.

Sehenswertes in der Umgebung - Historische Altstadt Ravensburg. Weingarten mit Barockbasilika. Ravensburger Spieleland. Interessante Ausflugsziele am Bodensee. Attraktive Wandermöglichkeiten im Allgäu.

Der Flappachweiher besticht nicht nur durch seine schöne Lage zwischen Wiesen und Wald, sondern auch durch sein attraktives Freizeitangebot für die ganze Familie. Auf den großzügig angelegten Liegewiesen findet man ein Plätzchen für jeden Geschmack - ob an der Sonne oder im kühlenden Schatten. Für den Einstieg in den See wurden Treppen angelegt. Schwungvoller geht es auf der Rutsche in das kühle Nass. Mit einigen Schwimmzügen sind die Badeinseln erreicht, die zu einer Ruhepause einladen. Einen komfortablen Aufenthalt gewährleisten nicht zuletzt auch die sanitären Anlagen (WC rollstuhlgerecht) und Umkleidekabinen. In der Cafeteria kann man sich mit Getränken und Snacks versorgen. Für Kinder ist der Flappachweiher hervorragend geeignet. Am flachen Ufer des Nichtschwimmerbereichs lockt ein Sandstrand zum Buddeln und Burgenbauen. Der Spielplatz wurde liebevoll gestaltet. Auf der Spielwiese können kleine Piraten sogar ein Schiff entern. Außerdem bringt ein Wasserpilz spritzige Erfrischung. Doch nicht nur für das Vergnügen der kleinen Badegäste ist bestens gesorgt! Sportliche verausgaben sich beim Fußball, Beach-Volleyball oder Tischtennis. Wer auf einen großen Fang hofft, bekommt beim örtlichen Fischerverein eine Angelerlaubnis.

Das schön angelegte Moorbad
gefällt durch seine herrliche Lage
inmitten der Allgäuer Landschaft
und lockt mit guten Freizeiteinrichtungen.
- Moorsee: 1,1 ha
- Tiefe: 3 m
- Strandbad (Eintritt,
  ÖZ: 9-20.30 Uhr)

ℹ️ Gästeamt, 88260 Argenbühl,
Tel: 07566/940210

Anfahrt - B 12 von Lindau, Wangen
und Kempten, Abfahrt nördlich von
Burg in Richtung Hofs.
Parken - Kostenlose Ⓟ. Fahrradabstellplätze.
Badeplätze - Liegewiese. Badeinseln, Sprungbretter, Stege. Rollstuhlgerechter Zugang zum See. DLRG-
Überwachung. Kein FKK.
Sport & Spaß - Tischtennis, Volleyball, Basketball.
Kinder - Flaches Ufer. Nichtschwimmerbereich. Kinderspielplatz.

Essen & Trinken - Imbiss und Kiosk.
Besonderheiten - Hundeverbot.
Uferbereiche aus Naturschutzgrün-
den teilweise gesperrt.
Sehenswertes in der Umgebung -
Altstadt von Wangen und Isny.
Ruine Alt-Ratzenried. Oberschwäbi-
sche Barockstraße mit Kirchen,
Klöstern und Schlössern.
**Weitere Badeseen in der Umge-
bung** - Schöne Badeseen in den
Ortsteilen Buchweiher, Ratzenried
und Siggen.

Das Moorfreibad liegt südlich von Argenbühl im Ortsteil Eglofs-Burg. Das
Strandbad mit seiner schönen, mit Bäumen bepflanzten Liegewiese
macht einen sehr gepflegten Eindruck. Auch die sanitären Einrichtungen
mit Duschen, Toiletten und Umkleiden lassen nichts zu wünschen übrig.
Der See selbst ist teilweise mit Holzplanken begrenzt, und es gibt einen
großen abgetrennten Nichtschwimmerbereich, wo sich die kleinen
Badegäste austoben können. Im Wasser stehen zudem Stege und
Sprungbretter für einen Sprung ins kühle Nass zur Verfügung, und auf

den Badeinseln kann man sich
vom Schwimmen erholen oder sich
bräunen lassen. Für die Sicherheit
und die Überwachung des Badebereichs sorgt die DLRG. Wer sich
anderweitig sportlich betätigen
möchte, kann sich auf dem Volleyballfeld, beim Tischtennis oder
beim Basketball verausgaben. Für
das leibliche Wohl und angenehme Erfrischungen sorgt der Imbiss
und Kiosk im Strandbad.

Sehr idyllisch gelegen mit dem Panorama der Allgäuer Alpen im Hintergrund bietet der Badsee eine breite Palette an Freizeitmöglichkeiten.

- Natursee: 46 ha
- Tiefe: bis 10 m
- Strandbad
  (Eintritt, ÖZ: 9.30-19.30 Uhr)

ℹ️ Kurverwaltung Isny,
88316 Isny, Tel: 07562/984110

Anfahrt - B 18/A 96 von Lindau bzw. Memmingen, Abzweig Isny-Beuren. - B 12 von Kempten. - B 465 bis Leutkirch, Richtung Isny, Abzweig Beuren.

Parken - Kostenlose P. Fahrradabstellplätze.

Badeplätze - Schöne Liegewiese, Badeinsel. Überwachung durch DLRG am Wochenende. Zugang zum See auch für Rollstuhlfahrer geeignet. Kein FKK.

Sport & Spaß - Segeln, Surfen, Fußball, Volleyball, Tischtennis. Ruderboot- und Tretbootverleih.

Kinder - Flach abfallendes Ufer. Kinderspielplatz.

Essen & Trinken - Kiosk und Einkehrmöglichkeiten.

Besonderheiten - Hundeverbot. Die Mitnahme des eigenen Grills ist nicht erlaubt. Teile des Ufers aus Naturschutzgründen gesperrt.

Sehenswertes in der Umgebung - Stadtkern von Isny und Wangen. Oberschwäbische Barockstraße. Schlösser und Burgen in Ratzenried, Kißlegg, Wolfegg, Schömburg.

Umgeben von Wiesen und bewaldeten Hügeln, gibt es am Badsee ein gepflegtes Freibad und einen direkt an das Bad anschließenden Campingplatz. Das Strandbad besticht vor allem durch seine gepflegte Liegewiese, die mit Bäumen bepflanzt ist, unter denen man auch bei großer Hitze ein angenehmes Plätzchen findet. Der See ist ideal für Kinder, da sie sich am flachen Ufer gefahrlos aufhalten können und auf der großen Liegewiese und dem Spielplatz viel Platz zum Spielen haben. Im Wasser gibt es eine Badeinsel, von der man ins kühle Nass hüpfen oder wo man sich eine kurze Pause vom Schwimmen gönnen kann. Wem Schwimmen allein nicht genügt, dem stehen Tischtennis, Fußball- und Volleyballfeld zur Verfügung. Außerdem gibt es einen Ruder- und Tretbootverleih, oder man versucht sich beim Surfen oder Segeln. Eine Surfschule befindet sich direkt am See. Abgerundet wird das gute Freizeitangebot durch saubere sanitäre Einrichtungen und einen Imbiss bzw. Kiosk.

Das Moorfreibad Herlazhofen verspricht mehr als Ferienlaune pur - dem Wasser wird eine heilkräftige Wirkung nachgesagt!

- Moorsee: 10 ha
- Tiefe: bis 4 m
- Strandbad (Eintritt, ÖZ: 8.30-20 Uhr)

ℹ️ Moor-Freibad Camping, 88299 Leutkirch-Herlazhofen, Tel: 07561/5513 und 5509

Anfahrt - A 7 Ulm - Kempten bis AB-Kreuz Memmingen, weiter auf der A 96 Richtung Lindau, Ausfahrt Leutkirch. - B 465 von Bad Urach/Ehingen/Biberach.

Parken - Kostenlose, unbewachte P. Fahrradabstellplätze.

Badeplätze - Große Liegewiese. Kein rollstuhlgerechter Zugang zum See. DLRG-Überwachung. Kein FKK.

Sport & Spaß - Angeln, Tret- und Ruderbootverleih, Tischtennis.

Kinder - Flach abfallendes Ufer. Spielplatz.

Essen & Trinken - SB-Restaurant.

Besonderheiten - Hundeverbot. Das Mitbringen eines eigenen Grills ist untersagt.

Sehenswertes in der Umgebung - Automuseum Wolfegg. Bauernhausmuseum Illerbeuren. Viele attraktive Ausflugsziele am Bodensee und in den Alpen.

In der idyllischen Umgebung des Voralpenlandes lässt es sich im Moorfreibad Herlazhofen hervorragend entspannen und erholen. Die heilende Wirkung des Wassers ist sicher ein weiterer Anreiz für viele Badegäste. Die großzügig angelegten Liegewiesen halten auch bei größerem Andrang am Wochenende genügend Sonnen- oder Schattenplätze unter den Bäumen bereit. Über den flach abfallenden Strand geht es dann in das erfrischende Wasser des Moorsees, in den vom Strandbad auch Stege hineinragen. Dass das Strandbad an einen Campingplatz angegliedert ist, bringt hinsichtlich Komfort und Freizeitmöglichkeiten viele Vorteile mit sich. Sanitäre Anlagen sowie Umkleidekabinen fehlen ebenso wenig wie ein SB-Restaurant. Für Sportliche stehen

Tischtennisplatten zur Verfügung. Außerdem kann man sich für eine Partie über den See Tret- und Ruderboote mieten. Auch im eigenen Schlauchboot darf man sich auf dem See tummeln. In fröhlichen Farben sind die Geräte auf dem Spielplatz gestaltet, so dass die Kinder hier bestimmt gerne klettern, schaukeln und im Sand buddeln.

Ein Kleinod in der malerischen Allgäuer Landschaft - der Moorsee hat sich seine natürliche Schönheit erhalten und bietet ein attraktives Strandbad für die ganze Familie.

- Moorsee: 21 ha
- Tiefe: bis 16,50 m
- Strandbad (Eintritt, ÖZ: 9-19 Uhr bei gutem Wetter, 9-11 Uhr und 17-19 Uhr bei schlechtem Wetter)

i Gäste- und Kulturamt, 88353 Kißlegg, Tel: 07563/936-142

Anfahrt - B 18 Memmingen - Wangen, in Kißlegg Richtung Bahnlinie. - Zugverbindungen aus Memmingen, Wangen und Bad Waldsee. Ein Fußweg zum See verläuft direkt neben der Bahnlinie.

Parken - Kostenlose, unbewachte ℗. Fahrradabstellplätze.

Badeplätze - Große Liegewiese. Rollstuhlgerechter Zugang zum See. DLRG-Überwachung. Kein FKK.

Sport & Spaß - Angeln, Tischtennis, Beach-Volleyball.

Kinder - Abgeteilter Nichtschwimmerbereich. Flach abfallendes Ufer. Spielplatz.

Essen & Trinken - Kiosk.

Besonderheiten - Hundeverbot. Das Mitbringen eines eigenen Grills ist untersagt.

Sehenswertes in der Umgebung - Historische Altstädte Ravensburg und Weingarten mit Barockbasilika. Bauernhausmuseum Wolfegg. Interessante Ausflugsziele am Bodensee mit Wander- und Radwandermöglichkeiten.

Am idyllischen Obersee fühlt sich Groß und Klein wohl. Die Liegewiesen erstrecken sich über eine große Fläche, auf der sich - je nach Geschmack - Sonne pur oder ein schattiges Plätzchen unter Bäumen findet. WCs, Duschen und Umkleidekabinen sind im Strandbad ausreichend vorhanden. Für das sportliche Vergnügen stehen Tischtennisplatten und ein Beach-Volleyballfeld zur Verfügung. Auch im Wasser ist für Spaß gesorgt. Die Badeinseln laden zu einer kurzen Verschnaufpause ein, und mitten aus dem Wasser ragt das Sprungbrett, von dem man sich in das kühle Nass stürzen kann. Besonders originell ist der Wasserwurm, der sich durch das Wasser schlängelt. Auch die Wellenreiter locken viele Badegäste an. Wer nach all diesen Aktivitäten hungrig oder durstig geworden ist, kann sich am Kiosk mit einem kleinen Imbiss und Getränken versorgen.

Der Metzisweiler Weiher besticht durch seine erholsame Ruhe und seine schöne Lage in der malerischen oberschwäbischen Landschaft mit Blick zu den Allgäuer Alpen.

- Natursee: ca. 3 ha
- Tiefe: bis 3,50 m
- Kein Strandbad

i Ortsverwaltung Eintürnen, 88410 Bad Wurzach, Tel: 07527/95011

Anfahrt - Von Ravensburg über Wolfegg. - Von Wangen i. A. über Kißlegg. - Von Ulm/Biberach B 30/B 465 nach Bad Wurzach, von dort weiter Richtung Wolfegg. - Nächster Bahnhof: Wolfegg. - Bus: Ravensburg - Wolfegg - Bad Wurzach.

Parken - Kostenlose, unbewachte P. Fahrradabstellplätze.

Badeplätze - Schöne Liegewiese. Rollstuhlgerechter Zugang zum See über die Liegewiese. Keine DLRG-Überwachung. Kein FKK.

Sport & Spaß - Angeln.

Kinder - Kein Nichtschwimmerbereich, aber das Ufer fällt flach ab.

Essen & Trinken - Gasthaus in Weitprechts (ca. 400 m vom See).

Besonderheiten - Hundeverbot. Mitbringen eines Grills ist erlaubt.

Sehenswertes in der Umgebung - Kirche St. Martin, Eintürnenberg. Bad Wurzach mit Schloss und NSG Wurzacher Ried. Wolfegg mit Schloss und Bauernhausmuseum. Burg Waldburg. Schöne Wanderungen im Allgäu. Interessante Ausflugsziele am Bodensee.

Wer ohne die Freizeiteinrichtungen eines Strandbades auskommt, kann es sich am Metzisweiler Weiher auf dem Liegetuch bequem machen und die Blicke über den See und zu den Allgäuer Alpen schweifen lassen. Auf der Liegewiese spenden Bäume und Gebüsch wohltuenden Schatten, so dass man es hier auch an heißen Sommertagen bestens aushalten kann. Der See wird teilweise von Schilf gesäumt, was aber den Zugang zum See nicht behindert. Nach ein paar geschwommenen Runden laden zwei Badeinseln zu einer Verschnaufpause ein. Für den „Rückweg" ins kühle Nass steht auf einer der beiden Inseln ein Sprungbrett bereit. Eltern sollten ein wachsames Auge auf ihre Kinder haben, da an dem Natursee kein Nichtschwimmerbereich ausgewiesen wurde und der Badebereich auch nicht von der DLRG überwacht wird. Allerdings fällt das Ufer flach ab, so dass die Kinder dort relativ gefahrlos planschen können. Für den Zeitvertreib der Kleinen sollte man mit Spielen und Lesestoff selbst sorgen, da kein Spielplatz vorhanden ist. Auch den Proviant sollte man von zu Hause mitbringen - und je nach Geschmack auch den eigenen Grill, an dem man dann Würstchen, Steaks und andere Leckerbissen brutzeln kann. Wer Lust auf einen kurzen Spaziergang hat, kann in der Nähe des Sees einkehren.

51 Stadtsee / Bad Waldsee

Der See in der oberschwäbischen Kurstadt ist eine Oase der Erholung und bietet viele Freizeitmöglichkeiten für die ganze Familie.

- Natursee: 14 ha
- Tiefe: bis 11 m
- Strandbad (Eintritt, ÖZ: Wochenenden, Feiertage, Ferien: 9-20 Uhr, sonst 10-20 Uhr, Saison: Mai bis September)

ℹ️ Strand- und Freibad am Stadtsee, 88339 Bad Waldsee, Tel: 07524/49845

Anfahrt - B 30 Ulm - Friedrichshafen. - Busverbindungen vom Bahnhof Bad Waldsee.

Parken - Kostenlose, unbewachte P. Fahrradabstellplätze.

Badeplätze - Große Liegewiese. Rollstuhlgerechter Zugang zum See. DLRG-Überwachung. Kein FKK.

Sport & Spaß - Tretbootverleih, Tischtennis, Volleyball, Minigolf.

Kinder - Abgeteilter Nichtschwimmerbereich. Flach abfallendes Ufer. Spielgeräte im Wasser. Spielplatz.

Essen & Trinken - Cafeteria.

Besonderheiten - Hundeverbot. Das Mitbringen eines eigenen Grills ist untersagt.

Sehenswertes in der Umgebung - Historische Altstädte Bad Waldsee und Biberach/Riss. Schloss Altshausen. Bad Schussenried (Kloster, Bierkrugmuseum). Schussenursprung. Wallfahrtskirche St. Peter und Paul Steinhausen, „schönste Dorfkirche der Welt". Freilichtmuseum Kürnbach. NSG Federsee bei Bad Buchau. Oberschwäbische Barockstraße, Bodensee.

Mediterranes Flair mitten in Oberschwaben: Die beiden Seen in Bad Waldsee umrahmen die historische Altstadt. Während der Schloss-See mit seiner verträumten Idylle bezaubert, zeigt sich der Stadtsee lebendiger. Spaziergänger bummeln über die Promenade, man sitzt im Café oder genießt eine Tretbootfahrt über den See. Für Badefans hat das Strandbad eine Menge zu bieten. Die Liegewiesen erstrecken sich über das Seeufer und das Freibadgelände. Im kühlen Nass kann man sich auf Badeinseln ausruhen. Neben dem See laden verschiedene Becken zu einem erfrischenden Bad ein: Sportliche ziehen im Schwimmerbecken ihre Bahnen. Eine Rutsche führt rasant in das Nichtschwimmerbecken, und für die ganz kleinen Badegäste gibt es ein Planschbecken. Die Spielgeräte im Wasser

bereiten Kindern ebenso viel Vergnügen wie der Spielplatz am Ufer! Beach-Volleyball, Badminton, Tischtennis und Minigolf vertreiben auch bei den größeren Badegästen die Langeweile. Die sanitären Anlagen und die Umkleidekabinen sind teilweise für Rollstuhlfahrer zugänglich. Die große Auswahl in der Cafeteria rundet das attraktive Angebot am Stadtsee ab.

Eingebettet in die oberschwäbische Voralpenlandschaft, bietet der Steegersee Erholung pur.

- Moorsee: ca. 5 ha
- Tiefe: bis 4,50 m
- Strandbad
  (Eintritt, ÖZ: 9-20 Uhr)

i Städtische Kurverwaltung,
88326 Aulendorf,
Tel: 07525/93-4203

Anfahrt - B 30/B 465 von Ulm bzw. Ravensburg, in Bad Waldsee Richtung Aulendorf. - B 32 von Sigmaringen, in Bad Saulgau Richtung Aulendorf. - Bus- und Bahnverbindungen im Stundentakt aus allen Richtungen.
Parken - Kostenlose, unbewachte P. Fahrradabstellplätze.
Badeplätze - Gepflegte Liegewiese. Rollstuhlgerechter Zugang zum See. Zeitweise DLRG-Überwachung. Kein FKK.
Sport & Spaß - Fußball, Bocciabahn, Tischtennis.
Kinder - Nichtschwimmerbereich. Flach abfallendes Ufer. Spielplatz.

Essen & Trinken - Kiosk.
Besonderheiten - Hundeverbot. Das Mitbringen eines eigenen Grills ist untersagt.
Sehenswertes in der Umgebung - Schloss Altshausen. Bad Schussenried mit Kloster und Bierkrugmuseum. Schussenursprung. Wallfahrtskirche St. Peter und Paul Steinhausen, „schönste Dorfkirche der Welt". Freilichtmuseum Kürnbach. Historische Altstadt Biberach/Riss. Naturschutzgebiet Federsee bei Bad Buchau. Attraktive Ausflugsziele am Bodensee und an der Oberschwäbischen Barockstraße.

Vor allem an heißen Sommertagen zieht es viele Badegäste an den Moorsee, der malerisch inmitten von weiten Feldern liegt. Umrahmt wird die großzügige Liegewiese von alten Bäumen, die angenehmen Schatten spenden. In den See führen Stege, man kann sich aber auch von einem Sprungbrett in das kühle Nass stürzen. Die Inseln im See laden zu einem Sonnenbad ein. Ein verlockendes Revier für Kinder ist sicher der Nichtschwimmerbereich am flach abfallenden Ufer, wo es sich gefahrlos planschen lässt. Zeitweise wacht die DLRG über die Sicherheit im Strandbad. Auch auf dem liebevoll gestalteten Spielplatz kommt bestimmt keine Langeweile auf! Für größere Badegäste gibt es Gelegenheit für ein Fußballspiel ebenso wie für ein Tischtennis-Match. Auf der Bocciabahn gilt es, seine Treffsicherheit zu beweisen. Sanitäre Anlagen und Umkleidekabinen sind in ausreichender Anzahl vorhanden, wobei die WCs und Umkleiden auch mit dem Rollstuhl zugänglich sind. Am Kiosk kann man sich mit erfrischenden Getränken sowie süßen und deftigen Snacks versorgen. An kühleren Tagen bieten die Schwaben-Therme mit verschiedenen Bade- und Wellnessbereichen eine attraktive Alternative zum Sprung in den See!

Die Seen bei Bad Schussenried bilden mit der malerischen Landschaft Oberschwabens eine harmonische Einheit und bieten Ruhe und Erholung.
- Natursee: 6 ha
- Tiefe: bis 4 m
- Strandbad (Eintritt, ÖZ: 10-21 Uhr)

i Städtische Kurverwaltung, 88427 Bad Schussenried, Tel: 07583/940171

Anfahrt - B 30 Ulm - Ravensburg, in Ingoldingen oder Bad Waldsee Richtung Bad Schussenried.
Parken - Kostenlose, unbewachte [P], außerdem 10 Caravanstellplätze. Fahrradabstellplätze.
Badeplätze - Große Liegewiese. Rollstuhlgerechter Seezugang. DLRG-Überwachung. Kein FKK.
Sport & Spaß - Tischtennis.
Kinder - Abgeteilter Nichtschwimmerbereich. Flach abfallendes Ufer. Spielplatz.
Essen & Trinken - Einkehrmöglichkeiten.
Besonderheiten - Hundeverbot.

Das Mitbringen eines eigenen Grills ist untersagt.
Sehenswertes in der Umgebung - In Bad Schussenried: Pfarrkirche St. Magnus mit Bibliothekssaal und Klostermuseum. Bierkrugmuseum. Schussenursprung. Wallfahrtskirche St. Peter und Paul Steinhausen, „schönste Dorfkirche der Welt". Freilichtmuseum Kürnbach. Historische Altstadt Biberach/Riss. NSG Federsee bei Bad Buchau. Attraktive Ausflugsziele am Bodensee und entlang der Oberschwäbischen Barockstraße.

Der Zeller See liegt malerisch am Ortsrand von Bad Schussenried. Zwischen dem Schilf liegen Boote, und Schwäne ziehen majestätisch ihre Runden. Auf der Liegewiese gibt es genug Platz zwischen Schatten spendenden Bäumen. Die Familienfreundlichkeit des Zeller Sees zeigt sich in seinem flach abfallenden Ufer sowie im abgeteilten Nichtschwimmerbereich. Für das Vergnügen der kleinen Badegäste sorgt außerdem der Spielplatz, der zum Sandspielen, Klettern und Toben einlädt. An der Tischtennisplatte können Sportliche ihre Schnelligkeit ausprobieren. Sanitäre Anlagen sowie Umkleidekabinen sind ebenfalls vorhanden. Die Idylle des Zeller Sees ist nicht nur für einen Tagesausflug reizvoll: Wer sein Wohnmobil dabei hat, kann es auf dem angrenzenden Stellplatz parken und hier ein paar erholsame Tage verbringen. Schließlich ist auch die Kurstadt Bad Schussenried einen Besuch wert. Besonders lohnt sich eine Besichtigung des Bibliothekssaals im ehemaligen Prämonstratenserkloster und ein Abstecher in das Bierkrugmuseum, das Geschichte und Geschichten rund um die Trinkgefäße dokumentiert.

Am Olzreuter See, der am Rande von Bad Schussenried liegt, kann man erholsame Ruhe und Natur pur genießen.

- Natursee: 12 ha
- Tiefe: bis 6 m
- Strandbad (Eintritt, ÖZ: 10-21 Uhr)

ℹ️ Städtische Kurverwaltung, 88427 Bad Schussenried,
Tel: 07583/9401-71

Anfahrt - s. S. 68. In Bad Schussenried weiter in den Ortsteil Olzreute.
Parken - Kostenlose, unbewachte P. Fahrradabstellplätze.
Badeplätze - Schöne Liegewiese mit Baumbestand. Kein rollstuhlgerechter Zugang zum See. Keine DLRG-Überwachung. Kein FKK.
Kinder - Flach abfallendes Ufer.
Essen & Trinken - Einkehrmöglichkeiten.
Besonderheiten - Hundeverbot.
Sehenswertes in der Umgebung - s. S. 68.

Wer erholsame Ruhe sucht und dennoch nicht auf die Einrichtungen eines Strandbades verzichten möchte, ist am Olzreuter See genau richtig. Im Strandbad hält sich auch an heißen Tagen der Andrang in angenehmen Grenzen. Stege führen von der Liegewiese in den See, der von Schilf umrahmt ist. Sanitäre Anlagen stehen ebenso zur Verfügung wie Umkleidekabinen. Da es keine Sporteinrichtungen am See gibt, kann man die idyllische Ruhe hier voll und ganz genießen. Auch kleine Badegäste können sich am Ufer gefahrlos aufhalten, da es flach abfällt. In der Natur gibt es viel zu entdecken, so dass den Kindern auch ohne Spielplatz nicht langweilig werden dürfte. Die Wiesen laden ein zum Spielen und Toben, zwischen Bäumen und Gebüsch kann man sich herrlich verstecken. Die Gasthöfe im Ort servieren leckere oberschwäbische Spezialitäten, so dass auch für das leibliche Wohl bestens gesorgt ist.

55 Freibad Ummendorf

Der schön gelegene Badesee Ummendorf bietet mit seinem attraktiven Strandbad herrliches Badevergnügen für Jung und Alt.
- Baggersee: 75 ha
- Tiefe: bis 15 m
- Strandbad (Eintritt, ÖZ: 9-20 Uhr)

ℹ️ Bürgermeisteramt, 88444 Ummendorf, Tel: 07351/3477-0

Anfahrt - B 30 von Ulm bzw. Ravensburg. - B 312 von Reutlingen bzw. Memmingen. - B 465 von Bad Wurzach bzw. Bad Urach.
Parken - Kostenlose, unbewachte 🅿️. Fahrradabstellplätze.
Badeplätze - Große Liegewiese, 3 Badeinseln und Stege. Kein FKK. Überwachung durch DLRG.
Sport & Spaß - Fußball, Volleyball, Tischtennis.
Kinder - Abgeteilte Nichtschwim-

merzone. Kinderspielplatz.
Essen & Trinken - Kiosk.
Besonderheiten - Hundeverbot. Mitnahme des eigenen Grills ist nicht erlaubt. Uferbereiche außerhalb des Freibades aus Naturschutzgründen gesperrt.
Sehenswertes in der Umgebung - Biberach, Ulm, Laupheim, Bad Schussenried, Bad Buchau, Benediktinerkloster Ochsenhausen, Bad Waldsee. NSG Federsee.

Der Badesee liegt am nördlichen Ortsrand von Ummendorf - sehr schön eingebettet zwischen waldbedeckten Hügeln und dem Ummendorfer Ried. Am See befindet sich ein gepflegtes, attraktives Strandbad, das dem Badegast auch Freizeitmöglichkeiten wie Fußball, Volleyball und Tischtennis bietet. Auf der großen Liegewiese kann man sich entweder ein nettes, ruhiges Plätzchen suchen oder dem lebhaften Treiben zuschauen. Der Uferbereich fällt flach ab und in der Nichtschwimmerzone können Kinder ohne Gefahr erste Schwimmversuche machen. Drei Stege und drei Badeinseln, von denen man ins kühle Nass springen kann, sorgen für Badespaß. Der Zugang zum See erfolgt über den Strand sowie über einen Steg, Treppen und Leitern. Auf dem liebevoll angelegten Spielplatz können sich die Kleinen nach Herzenslust austoben, Burgen bauen, rutschen etc. Langeweile kommt hier sicher nicht auf. Und wen Hunger oder Durst plagen, versorgt sich am Kiosk mit Erfrischungen, Süßigkeiten und kleinen Imbissen.

In der herrlichen Landschaft Oberschwabens zieht der beliebte Ziegelweiher zahlreiche Badegäste aus nah und fern an.

- Natursee: 4,5 ha
- Tiefe: 4 m
- Kein Strandbad

i Stadt Ochsenhausen,
88412 Ochsenhausen,
Tel: 07352/9220-0

Anfahrt - B 30 von Ulm bzw. Ravensburg bis Abzweig B 312 nach Ochsenhausen. - B 312 von Memmingen bzw. Reutlingen. - B 465 von Ehingen, Bad Urach.

Parken - Kostenlose, unbewachte P. Fahrradabstellplätze.

Badeplätze - Gepflegte Liegewiese, Badeinsel, Wasserrutsche und Stege. Gepflegte sanitäre Anlagen. Kein FKK. Überwachung durch DLRG.

Sport & Spaß - Volleyballfeld und Tischtennisplatten.

Kinder - Flach abfallendes Ufer und Nichtschwimmerzone. Kinderspielplatz.

Essen & Trinken - Schönes Café. Kiosk und Einkehrmöglichkeiten direkt am See.

Besonderheiten - Hundeverbot. Die Mitnahme des eigenen Grills ist nicht erlaubt.

Sehenswertes in der Umgebung - Kloster Ochsenhausen, Öchsle-Museumsbahn. Biberach, Ulm, Laupheim, Bad Schussenried, Bad Buchau, Bad Waldsee. NSG Federsee. Oberschwäbische Barockstraße.

Der Ziegelweiher liegt am Rande des reizvollen Barockstädtchens Ochsenhausen mit seinem beeindruckenden Benediktinerkloster. Ein Grund mehr, sich einen schönen Badetag in historischer Umgebung zu gönnen. Auf der gepflegten, ausgedehnten Liegewiese kann man es sich unter hohen, alten Bäumen gemütlich machen und die schöne Natur um Ochsenhausen genießen. Über einen schmalen Uferbereich und über Treppen gelangt man ins erfrischende Nass des schönen Natursees. Eine Badeinsel lädt zum Sonnenbaden oder zu einer kleinen Pause während des Schwimmens ein. Wer mehr Badespaß braucht, kann sich auf einer Wasserrutsche vergnügen. Auch die kleineren Badegäste kommen am Ziegelweiher auf ihre Kosten: Am flach abfallenden Ufer gibt es einen abgeteilten Nichtschwimmerbereich, in dem sie ungestört und unter der Aufsicht der DLRG planschen können, an Land sorgt ein nett angelegter Kinderspielplatz für Abwechslung. Für die älteren gibt es die Möglichkeit, Volleyball oder Tischtennis zu spielen (man kann sich auch Tischtennisschläger und Volleyballnetze leihen). Ein hübsches Café - untergebracht in einem Pavillon mit Seeterrasse - bietet viele kleine Köstlichkeiten für zwischendurch und einen herrlichen Blick über den See.

Das Parkbad Laupheim bietet die perfekte Verbindung aus einem schönen Natursee und einem attraktiven Freibad.

- Natursee: 0,6 ha
- Tiefe: bis 3 m
- Strandbad (Eintritt, ÖZ: 9-20 Uhr)

i Stadtverwaltung, 88471 Laupheim, Tel: 07392/704-0

Anfahrt - B 30 Ulm - Ravensburg. - A 7 Ulm - Kempten, AS Illertissen, über Dietenheim und Burgrieden nach Laupheim.

Parken - Kostenlose, unbewachte **P**. Fahrradabstellplätze.

Badeplätze - Schöne Liegewiese, bepflanzt mit Büschen. Rollstuhlgerechter Seezugang. Überwachung durch Schwimmmeister. Kein FKK.

Sport & Spaß - Fußball, Tischtennis, Volleyball.

Kinder - Flaches Ufer. Spielplatz.

Essen & Trinken - Kiosk und weitere Einkehrmöglichkeiten.

Besonderheiten - Hundeverbot. Das Mitbringen eines eigenen Grills ist untersagt.

Sehenswertes in der Umgebung - In Laupheim: Schloss, Planetarium, jüdische Friedhof. Historische Altstädte Biberach/Riss und Ulm. Klosterkirchen Obermarchtal und Zwiefalten. Wimsener Höhle bei Hayingen.

Wie man einen Natursee gekonnt in ein attraktives Freibad integrieren kann, zeigt das Parkbad in Laupheim. Hier kann man zwischen einem erfrischenden Bad im See und dem Sprung in das kühle Nass der Becken wählen. Gebüsch spendet auf der weitläufigen Liegewiese immer wieder angenehmen Schatten. Im Freibad stehen sanitäre Anlagen und Umkleidekabinen zur Verfügung, die zum Teil auch für Rollstuhlfahrer zugänglich sind. Sowohl für Kinder als auch für Erwachsene stehen verschiedene Aktivitäten zur Auswahl. Am flachen Uferbereich des Sees können die Kleinen gefahrlos planschen. Ein Schwimmmeister hat zudem den Badebereich immer genau im Blick. Auf dem schön gestalteten Spielplatz können die kleinen Badegäste nach Herzenslust herumtoben, rutschen, klettern und im Sand ihre eigene Burg entstehen lassen. Auch für die Unterhaltung der größeren Badegäste ist bestens gesorgt: Ob man nun seine Fußballkünste ausprobieren will, sich auf dem Volleyballfeld verausgabt oder an der Tischtennisplatte den Gegner mit schnellen Schlägen überrascht - all diese Einrichtungen stehen im Parkbad bereit! Da natürlich an einem gelungenen Badetag auch das leibliche Wohl nicht zu kurz kommen soll, versorgt ein Kiosk die Gäste mit leckeren Snacks und erfrischenden Getränken. Rund um das Parkbad gibt es weitere Einkehrmöglichkeiten. Ein Ausflug nach Laupheim lohnt sich aber nicht nur zum Baden: Das moderne Planetarium erklärt die geheimnisvolle Welt des Universums, und der alte jüdische Friedhof lässt Geschichte hautnah erleben. Laupheim liegt außerdem direkt an der Oberschwäbischen Barockstraße, so dass der Weg zum nächsten kunsthistorischen Kleinod nicht weit ist.

Schon der Name deutet auf regen Wassersportbetrieb hin. Man kann sich am Surfsee aber auch einen schönen, erholsamen Tag machen!
- Baggersee: 30 ha
- Tiefe: bis 8 m
- Kein Strandbad

i Stadtverwaltung, 88471 Laupheim, Tel: 07392/704-0

Anfahrt - s. S. 72. In Laupheim zunächst Richtung Munderkingen, dann links abbiegen nach Obersulmetingen.

Parken - Gebührenpflichtige, unbewachte **P**. Fahrradabstellplätze.

Badeplätze - Schöne Liegewiese. Rollstuhlgerechter Zugang zum See. Keine DLRG-Überwachung. Kein FKK.

Sport & Spaß - Segeln, Surfen, Tischtennis, Volleyball.

Kinder - Flaches Ufer. Spielplatz.

Essen & Trinken - Kiosk.

Besonderheiten - Hunde dürfen mitgebracht werden, aber nicht im See baden. Das Mitbringen eines eigenen Grills ist erlaubt.

Sehenswertes in der Umgebung - s. S. 72.

Der Surfsee ist eine wahre Freizeitoase - und das nicht nur für Surfer, die dem See seinen Namen gaben! Auch Segler werden hier meistens von der richtigen Brise verwöhnt. Der Badebereich wird von einer gepflegten Liegewiese gesäumt, auf der Bäume an heißen Sommertagen kühlenden Schatten spenden. Komfort bieten die WCs und Umkleidekabinen. Für Familien mit kleinen Kindern eignet sich der Surfsee besonders aufgrund seines flach abfallenden Uferbereichs und des vorhandenen Spielplatzes. Außer bei den bereits erwähnten Wassersportarten kann man sich bei Tischtennis und Volleyball verausgaben. Erfrischungsgetränke sowie süße und deftige Kleinigkeiten verkauft der Kiosk - oder man brutzelt sich Bratwurst, Steak etc. auf dem eigenen Grill!

Der am südlichen Stadtrand von Erbach gelegene Badesee ist ein wahres Freizeitparadies, das auch als Sommerfrische für viele Badefans aus der Umgebung von Ulm gilt.

- Baggersee: 3 ha
- Tiefe: bis 5 m
- Strandbad (Eintritt, ÖZ: 9-21 Uhr)

i Stadtverwaltung, 89155 Erbach, Tel: 07305/9676-0

Anfahrt - B 311 von Ulm bzw. Ehingen. - B 30 von Biberach. - B 465 von Bad Urach.

Parken - Gebührenfreie, unbewachte P. Fahrradabstellplätze.

Badeplätze - Liegewiese, Badeinseln, Rutschen und Stege. Kein FKK. Überwachung durch DLRG.

Sport & Spaß - Fußball, Volleyball, Tischtennis. Surfen. Benachbarte Minigolfanlage.

Kinder - Flach abfallendes Ufer mit Nichtschwimmerzone und Spielbereich im See. Kinderspielplatz.

Essen & Trinken - Kiosk.

Besonderheiten - Hundeverbot. Grillstellen. Die Mitnahme des eigenen Grills ist erlaubt.

Sehenswertes in der Umgebung - Ulm, Blaubeuren, Schloss Laupheim, Biberach, Ehingen, Kloster Zwiefalten. Laichinger Tiefenhöhle. Donau-Rad-Weg und Donau-Bodensee-Radweg.

Weitere Badeseen - Baggerseen in Donaurieden und Ersingen.

Umgeben von Bäumen und freien Flächen, bietet der Badesee Erbach sowohl Sonnenanbetern als auch Freizeitsportlern reichlich Entfaltungsmöglichkeiten. Auf der großzügig angelegten Liegewiese - auch mit schattigen Plätzen unter Bäumen - lässt es sich herrlich faulenzen. Besonders beliebt ist der See auch bei Familien mit Kindern, die an dem flach abfallenden Uferbereich und in der abgetrennten Nichtschwimmerzone bestens aufgehoben sind. Es gibt sogar einen speziellen Spielbereich für Kinder im See, wo matschen erlaubt ist und wo sie sich an diversen Spielgeräten vergnügen können. Ansonsten stehen Badeinseln, Stege und Rutschen für den Badespaß zur Verfügung. Sportlich

Ambitionierte finden hier zudem Möglichkeiten für Fußball, Volleyball und Tischtennis, und in der benachbarten Minigolfanlage kann man sich zu einem kleinen Minigolf-Turnier treffen. Wenn der Hunger kommt, wird man am Kiosk oder in den nahe gelegenen Einkehrmöglichkeiten bestens verköstigt. Wer den Badetag mit einem gemütlichen Grillabend ausklingen lassen möchte, dem stehen mehrere Grillstellen zur Verfügung, oder man bringt den eigenen Grill mit.

Der große naturnahe Bade- und Surfsee ist ein beliebtes Ausflugsziel für Badefans aus der Umgebung.

- Baggersee: 10 ha
- Tiefe: bis 6 m
- Kein Strandbad

i Bürgermeisteramt Rottenacker, 89616 Rottenacker, Tel: 07393/2771

Anfahrt - B 311 von Ulm, bis Ehingen, B 465 Richtung Biberach, Abzweig Rottenacker. - B 311 von Sigmaringen. - B 465 von Biberach bzw. Bad Urach.

Parken - Kostenlose P. Fahrradabstellplätze.

Badeplätze - Ausgedehnte, mit Bäumen bepflanzte Liegewiese und Badestellen rund um den See. Badeinsel. Kein FKK. Keine DLRG-Überwachung.

Sport & Spaß - Surfen, Angeln.

Kinder - Keine Nichtschwimmerzone. Kinderspielplatz.

Essen & Trinken - Kiosk.

Besonderheiten - Hundeverbot. Grillstellen. Mitnahme des eigenen Grills ist erlaubt. Zelten erlaubt.

Sehenswertes in der Umgebung - Munderkingen, Oberstadion, Prämonstratenserabtei Obermarchtal, Burg und Ort Rechtenstein. Lautertal und Donautal.

Inmitten von Wiesen gelegen und umgeben von kleinen Gehölzgruppen, kann man am Badesee Heppenäcker Natur pur genießen. Trotzdem muss man aber nicht auf die Annehmlichkeiten von sanitären Einrichtungen mit Duschen, WC und Umkleidekabinen verzichten. Außerdem gibt es einen Kiosk, an dem man sich mit Erfrischungen und kleinen Snacks versorgen kann. Die Liegewiesen und Badestellen erstrecken sich fast rund um den See; wer ganz ungestört sein will, kann sich eine der romantischen Badebuchten aussuchen. Für Kinder ist der See insofern geeignet, da sie auf der ausgedehnten Liegewiese viel Platz zum Spielen und Herumtollen haben. Zudem können sie sich auch auf dem Kinderspielplatz austoben. Was die Sicherheit am Wasser betrifft, sollte man trotz des flach abfallenden Ufers ein bisschen vorsichtig sein, da kein spezieller Nichtschwimmerbereich ausgewiesen ist. Ein weiterer Pluspunkt des Sees sind die zahlreichen Grillstellen und ein eigens angelegter Zeltplatz.

Wenige Kilometer außerhalb der oberschwäbischen Kurstadt eröffnen sich attraktive Bademöglichkeiten an schön gelegenen Seen, zum Teil mit einem vielfältigen Freizeitangebot. Die beiden unten beschriebenen Seen verfügen über sanitäre Anlagen und Umkleiden (Wagenhauser Weiher: nur WC) und sind auch für Rollstuhlfahrer gut zugänglich.

In der Umgebung lohnen zahlreiche Sehenswürdigkeiten einen Besuch, z. B. die Kurstädte Bad Saulgau, Bad Schussenried mit seiner Klosterbibliothek und Bad Buchau mit dem NSG Federsee. Das Heuneburgmuseum in Herbertingen-Hundersingen erzählt aus der Vergangenheit der Region, während prachtvolle Bauwerke wie die Wallfahrtskirche in Steinhausen und das Schloss in Sigmaringen ihre Betrachter faszinieren.

Wagenhauser Weiher

Der Wagenhauser Weiher ist eine Oase der Ruhe. Die Uferzonen außerhalb des Badebereichs sind der Natur vorbehalten. Von der Liegewiese, die an ein Waldgebiet grenzt, führt ein Steg in das kühle Nass. Es gibt weder einen Spielplatz noch Sporteinrichtungen, aber am flachen Ufer können Kinder unter den aufmerksamen Blicken des DLRG-Teams gefahrlos planschen. Wer mit dem Boot über den See paddeln möchte, sollte beachten, dass nur Schlauchboote ohne feste Außenteile erlaubt sind. Für das leibliche Wohl sorgt die Gartenwirtschaft in der Nähe des Sees. Oder man veranstaltet mit dem von zu Hause mitgebrachten Grill sein eigenes kleines Barbecue!

ℹ️ Tourist-Information, 88348 Bad Saulgau, Tel: 07581/2009-22

Schwarzachtalseen

An den nordwestlich von Bad Saulgau gelegenen Schwarzachtalseen bieten sich neben unbegrenztem Badespaß viele weitere Sport- und Freizeitmöglichkeiten. Segler und Surfer finden hier sehr gute Windbedingungen vor, und Angler können auf einen dicken Fang hoffen. An Land gibt es ein Fußball- und ein Volleyballfeld sowie Tischtennisplatten und einen Minigolfplatz. Auch bei Kindern dürfte auf dem schön gestalteten Spielplatz keine Langeweile aufkommen. Außerdem ist der Nichtschwimmerbereich am flach abfallenden Ufer, das von der DLRG überwacht wird, zum Planschen ideal. Sollte der Magen knurren oder einen der Durst plagen, kann man sich am Kiosk mit Snacks und Getränken versorgen oder sich an einer der Grillstellen ein Steak brutzeln.

ℹ️ Gemeindeverwaltung, 88521 Ertingen, Tel: 07371/5080

Ein glasklarer See mit tiefblauem Wasser in einer malerischen Umgebung - was braucht man mehr für einen gelungenen Badetag?

- Natursee: 18 ha
- Tiefe: bis 12 m
- Strandbad (Eintritt, ÖZ: 10-18 Uhr, außerhalb der ÖZ freier Eintritt)

ℹ️ Bürgermeisteramt, 88374 Hoßkirch, Tel: 07587/631

Anfahrt - B 32 Sigmaringen - Ravensburg, in Altshausen nach Hoßkirch abbiegen. - Busverbindungen von den Bahnhöfen Altshausen und Bad Saulgau.

Parken - Kostenlose, unbewachte P. Fahrradabstellplätze.

Badeplätze - Große Liegewiese mit Baumbestand. Rollstuhlgerechter Zugang zum See. DLRG-Überwachung. Kein FKK.

Sport & Spaß - Angeln.

Kinder - Nichtschwimmerbereich.

Flach abfallendes Ufer. Spielplatz.

Essen & Trinken - Kiosk.

Besonderheiten - Hundeverbot. Grillstellen sind vorhanden, das Mitbringen eines eigenen Grills ist untersagt.

Sehenswertes in der Umgebung - Historische Altstädte Bad Saulgau und Ravensburg. Barockbasilika Weingarten. Schloss Altshausen.

Weitere Badeseen in der Nähe - Alter Weiher Altshausen. Ebenweiler See.

Von den Einheimischen wird dieser idyllische Natursee liebevoll „Hokisee" genannt. Das Gewässer ist aber nicht nur für die Hoßkircher ein beliebtes Ziel, sondern auch für Badegäste aus der weiteren Umgebung. Auf den großen Liegewiesen findet jeder bequem Platz, und unter den Bäumen genießt man angenehmen Schatten. Komfort bieten die sanitären Anlagen und Umkleidekabinen. Am flachen Ufer mit gesondertem Nichtschwimmerbereich können kleine Wasserratten gefahrlos planschen. Hier füllen die kleinen Baumeister ihre Eimer mit Wasser, um anschließend im Sandkasten auf dem Spielplatz tolle Sandburgen entstehen zu lassen. Nach so vielen Aktivitäten müssen natürlich auch Hunger und Durst gestillt werden.

Für das leibliche Wohl sorgt ein Kiosk mit leckeren Snacks und Getränken. Noch ein Tipp für die Anfahrt zum See: Im Sommer verkehrt zwischen Aulendorf und Pfullendorf ein historischer Dampfzug, der auch in Hoßkirch hält. Die Eindrücke auf dieser Fahrt machen den Badetag am Hoßkircher See zu einem unvergesslichen Erlebnis!

Zwischen Donautal und Bodensee liegt mit dem Illmensee ein weiteres Highlight für abwechslungsreiche Ausflüge oder schöne Urlaubstage!
- Natursee: 72 ha
- Tiefe: bis 16 m
- Strandbad (Eintritt, Ermäßigung mit der Gästekarte Illmensee, ÖZ: je nach Wetter, Zugang zum See immer möglich)

i Verkehrsamt, 88636 Illmensee, Tel: 07558/9207-0

Anfahrt - B 311 Riedlingen - Tuttlingen, in Krauchenwies Richtung Pfullendorf und Illmensee. - B 32 Bad Saulgau - Ravensburg, in Altshausen Richtung Wilhelmsdorf. - Busverbindungen von Ravensburg und Pfullendorf.
Parken - Kostenlose, unbewachte P. Fahrradabstellplätze.
Badeplätze - Weitläufige Liegewiese. Zugang zum See mit dem Rollstuhl nur bedingt möglich. DLRG-Überwachung. Kein FKK.
Sport & Spaß - Tischtennis, Minigolf (jeweils Verleih von Bällen und Schlägern), Beach-Volleyball.
Kinder - Nichtschwimmerbereich mit Rutsche. Flaches Ufer. Spielplatz.
Essen & Trinken - Kiosk.
Besonderheiten - Hundeverbot. Das Mitbringen eines eigenen Grills ist untersagt. Komfortabler Campingplatz mit eigenem Strandbad.
Sehenswertes in der Umgebung - Illmenseer Hydrantenwanderung. Aussichtspavillon auf dem Höchsten (833 m) mit Blick auf Bodensee und Alpen. Bauernhofmuseum und Naturschutzzentrum in Wilhelmsdorf. NSG Pfrunger Ried mit Lehrpfad. Ausflüge zum Bodensee und in das Donautal. Viele Sehenswürdigkeiten entlang der Oberschwäbischen Barockstraße.

Der Illmensee zeigt seinen Besuchern viele verschiedene Facetten: Verträumte Buchten findet man hier ebenso wie fröhliches Strandleben im See-Freibad. Die große Liegewiese lädt zum Faulenzen im kühlenden Schatten oder zum Sonnenbaden ein. Rund um den See stehen Angebote für die ganze Familie zur Auswahl: Kleine Badegäste fühlen sich im Nichtschwimmerbereich wohl, an dem auch eine Rutsche für sie bereit steht. Ein Abenteuerspielplatz reizt zu neuen Entdeckungen und lässt den Traum von der eigenen (Sand-)Burg wahr werden. Auch bei den größeren Badegästen dürfte kaum Langeweile aufkommen: Seine Kondition kann man an den Tischtennisplatten und auf dem Beach-Volleyballfeld beweisen.

Außerdem befindet sich ein Minigolfplatz mit Seeterrasse auf dem Freibadgelände. Auch der Wassersport wird am Illmensee groß geschrieben: Das Gewässer ist bei Seglern, Surfern und Anglern gleichermaßen beliebt. Und wer den See in seiner vollen Größe genießen will, unternimmt einen Spaziergang auf dem Ufer-Rundweg!

Das Naherholungsgebiet rund um die Zielfinger Seen hält für seine Gäste sportliche Action, aber auch Ruhe und die Schönheit der Natur bereit.

- Baggersee: ca. 50 ha
- Tiefe: bis 3 m
- Strandbad (Eintritt enthält Verzehrbon, ÖZ: 10-19 Uhr)

i Freizeitanlage Südsee, 88512 Mengen, Tel: 07576/962203

Anfahrt - B 311 Ulm - Tuttlingen, in Rulfingen abbiegen Richtung Zielfingen. - Von Reutlingen B 313 bis Sigmaringen, B 32 bis Sigmaringendorf, von dort weiter nach Zielfingen.

Parken - Kostenlose, unbewachte P. Wohnmobilstandplätze direkt am See. Fahrradabstellplätze.

Badeplätze - Große Liegewiese. Rollstuhlgerechter Zugang zum See. DLRG-Überwachung. Kein FKK.

Sport & Spaß - Angeln, Tauchen, Tretbootverleih, Surfen, Beach-Volleyball, Gartenschach.

Kinder - Abgeteilter Nichtschwimmerbereich. Flach abfallendes Ufer. Spielplatz.

Essen & Trinken - Imbiss, Kiosk, Restaurants mit Seeterrasse und Biergarten.

Besonderheiten - Hundeverbot. Das Mitbringen eines eigenen Grills ist erlaubt. Zeltplatz am See.

Sehenswertes in der Umgebung - Römermuseum Mengen-Ennetach. Heuneburgmuseum Hundersingen. Schloss Sigmaringen. Kloster Beuron. Wandern und Radfahren im Donautal.

In Zielfingen laden insgesamt sechs Seen zu Erholung, aber auch zu sportlichen Aktivitäten ein. Spaziergänger schätzen die Idylle des Vogelsees. Am Surfsee weht eine frische Brise in die bunten Segel, und der Badesee hält ein vielfältiges Angebot für jedermann bereit. Am 900 m langen Strand entsteht auch an Wochenenden und heißen Tagen kein Gedränge. Auf der Seeplattform schützt ein Segel die Badegäste vor der Sonne. Hier lockt eine ausrangierte Baumaschine zum Klettern und Verstecken. Ein ebenso begehrtes Ziel für die Kinder ist der Spielplatz, auf dem es sich nach Herzenslust sandeln und herumtoben lässt. Am flachen Ufer und im Nichtschwimmerbereich können die Kleinen gefahrlos planschen. Zudem hat die DLRG ein wachsames Auge über den See. Als weitere Attraktion für Groß und Klein sind Riesenrutschen geplant. Um die Unterwasserwelt des Zielfinger Sees kennen zu lernen, kann man bei der Tauchschule Kurse

belegen. Am Ufer beweist man beim Beach-Volleyball seine Kondition, und „Denksportler" machen beim Gartenschach clevere Züge. Die sanitären Anlagen des Strandbades sind auch für Rollstuhlfahrer zugänglich. Die Restaurants am See überraschen ihre Gäste mit Schlemmerbüffets, Barbecues und besonderen Spezialitäten.

Am Rande des Naturparks Obere Donau liegt der Krauchenwieser See eingebettet in eine liebliche Umgebung.
- Baggersee: 6 ha
- Tiefe: bis 9 m
- Strandbad (Eintritt, ÖZ: 8-20 Uhr, Saison 15. Mai bis 15. September)

i Gemeindeverwaltung, 72505 Krauchenwies, Tel: 07576/972-0

Anfahrt - A 81 Stuttgart - Singen, AS Tuningen, dann B 523 und B 311 Richtung Riedlingen oder AS Geisingen, dann B 311 Richtung Riedlingen.

Parken - Kostenlose, unbewachte **P**. Fahrradabstellplätze.

Badeplätze - Große Liegewiese. Rollstuhlgerechter Zugang zum See. DLRG-Überwachung. Kein FKK.

Sport & Spaß - Tauchen, Volleyball, Tischtennis.

Kinder - Abgeteilter Nichtschwimmerbereich. Flach abfallender Sandstrand.

Essen & Trinken - Imbiss, Kiosk und weitere Einkehrmöglichkeiten.

Besonderheiten - Hundeverbot. Das Benutzen eines eigenen Grills ist untersagt.

Sehenswertes in der Umgebung - Fürstlicher Park in Krauchenwies. Hohenzollernstadt Sigmaringen mit Schloss. Attraktive Wander- und Ausflugsziele im Oberen Donautal. Barockkloster Beuron. Klosterkirche Zwiefalten. Wimsener Höhle.

Ein magischer Anziehungspunkt für Badefans ist das Strandbad am Krauchenwieser See. Der Komfort beginnt bei den sanitären Anlagen und Umkleidekabinen, die teilweise auch mit dem Rollstuhl zugänglich sind. Für Familien bietet sich der See mit seinen vielen Einrichtungen besonders als Ausflugsziel an. An die große Liegewiese schließt sich ein flach abfallender Sandstrand an, wo die kleinen Badegäste gefahrlos buddeln und planschen können. Im Wasser befinden sich außerdem verschiedene Spielgeräte und Badeinseln. Für „action" sorgen auch die Tischtennisplatten sowie ein Volleyballfeld. Wer seine eigene Ausrüstung mitbringt, kann mit Schnorchel und Taucherbrille die Unterwasserwelt des Krauchenwieser Sees erkunden. „Natur pur" erlebt man rund um die Vogelschutz-Seen, die sich an den Badesee anschließen.

Eine Freizeitoase für die ganze Familie - sowohl sportliche Schwimmer als auch Kinder und Jugendliche finden hier ein tolles Freizeitangebot.

- Natursee: über 1 ha
- Tiefe: 2,30 m
- Naturfreibad (Eintritt, ÖZ: 10-20 Uhr)

🛈 Gemeinde Winterlingen, 72474 Winterlingen, Tel: 07434/279-0

Anfahrt - B 313 von Reutlingen bzw. Stockach, B 463/Abfahrt Winterlingen. - A 81, AS Rottweil, über Balingen, Albstadt.
Parken - Gebührenfreie, unbewachte ℗. Fahrradabstellplätze.
Badeplätze - Große Liegewiese. Spielgeräte im Wasser. Sonnenschirmverleih. Rollstuhlgerechter Zugang zum See. Kein FKK. Keine DLRG-Überwachung.
Sport & Spaß - Volleyball.

Kinder - Flacher Bereich nur in der Nichtschwimmerzone. Kinderbecken. Sandkasten.
Essen & Trinken - Kiosk. Einkehrmöglichkeiten im Ort.
Besonderheiten - Hundeverbot. Grillfeuer sind nicht erlaubt.
Sehenswertes in der Umgebung - Schloss Sigmaringen, Burg Hohenzollern, Kloster Beuron, Schloss Lichtenstein, Bärenhöhle, Ausflüge ins Donautal.

Das schön angelegte Naturfreibad unweit von Sigmaringen ist eine ideale Mischung aus Schwimmbad und Natursee: Die idyllische Lage verbindet sich hervorragend mit den Annehmlichkeiten einer guten Infrastruktur. Besonders die sanitären (auch behindertengerechten) Anlagen mit Duschen, Umkleiden und Toiletten sind ein großes Plus. Aber auch für Fun & Action wird einiges geboten: Im Wasser gibt es größere aufblasbare Wasserspielzeuge, Stege, Rutschen und Badeinseln, an denen man sich vergnügen kann. Kleinere Kinder können sich nach Herzenslust im Sandkasten austoben. Der Zugang zum Wasser erfolgt über Treppen, Stege und Leitern, so dass sich Kleinkinder nur im abgesperrten, flachen Bereich oder im Kinderbecken aufhalten sollten.

Der See und seine Umgebung erwarten Badefans und Sonnenhungrige mit allem, was zu einem gelungenen Badetag gehört.

- Stausee: 8 ha
- Tiefe: bis 16 m
- Kein Strandbad

ℹ Touristikgemeinschaft Oberes Schlichemtal, 72355 Schömberg, Tel: 07427/9498-0

Anfahrt - A 81 Stuttgart - Singen, AS Rottweil, von dort B 14/B27 Richtung Tübingen. - B 27 von Tübingen. - B 14/B27 von Tuttlingen.

Parken - Kostenlose, unbewachte P. Fahrradabstellplätze am Kiosk.

Badeplätze - Große Liegewiese. Zugang zum See für Rollstuhlfahrer über die Liegewiese. DLRG-Überwachung in den Ferien. Kein FKK.

Sport & Spaß - Segeln (nur Boote unter 3 m Länge), Angeln, Surfen, Minigolf.

Kinder - Das Ufer fällt je nach Wasserstand unterschiedlich steil ab.

Miniaturdorf, Streichelzoo und Erlebnispark.

Essen & Trinken - See-Kiosk. Weitere verschiedene Gasthöfe am See.

Besonderheiten - Anleinpflicht und Badeverbot für Hunde.

Sehenswertes in der Umgebung - Historische Altstadt Rottweil. Burg Hohenzollern bei Hechingen. Barocke Wallfahrtskirche Palmbühl. Fossilienmuseum im Werkforum Dotternhausen. Ausgedehnte Rad- und Wanderwege im Oberen Schlichemtal und auf der Schwäbischen Alb.

Umsäumt von Wiesen und Wäldern, bleibt selbst an heißen Sommertagen überall auf der Liegewiese noch ein Plätzchen zum Ausruhen. Das Wassersportangebot am Schömberger Stausee ist ausgesprochen vielfältig. Bei Seglern und Surfern ist der See ebenso beliebt wie bei Anglern. Sanitäre Anlagen (WCs auch behindertengerecht) und Umkleidekabinen in ausreichender Zahl bieten Komfort. Für das leibliche Wohl sorgen der Stausee-Kiosk sowie mehrere Restaurants rund um den See. Einer der Gasthöfe hält vor allem für Kinder eine besondere Attraktion bereit. Im Minidorf stehen originalgetreue Fachwerkhäuser aus ganz Deutschland

im Kleinformat. Die viel besungene „Schwäbische Eisenbahn" fährt durch den Erlebnispark, der ergänzt wird durch einen Streichelzoo, einen Spielplatz und vieles mehr. Auf dem nahe gelegenen Minigolfplatz wird es bestimmt auch den großen Badegästen nicht langweilig. Für einen längeren Aufenthalt kann man sich auf dem Campingplatz einmieten, von dem man einen herrlichen Blick über den See und die Wälder genießt.

Vor den Toren Stuttgarts gelegen, herrscht am Baggersee bei Kirchentellinsfurt an heißen Tagen Hochbetrieb, da viele der Hitze der Großstadt entfliehen wollen.

- Baggersee: 30 ha
- Tiefe: 5 m
- Kein Strandbad

i Gemeindeverwaltung,
Kirchentellinsfurt,
Tel: 07121/67000

Anfahrt - B 27 aus Richtung Stuttgart, über Filderstadt, Pliezhausen bis zur Ausfahrt Kirchentellinsfurt, dort den Hinweisschildern zum See folgen. - B 28 von Herrenberg, B 27 Richtung Kirchentellinsfurt. - B 27 aus Richtung Hechingen. - B 312 von Biberach.
Parken - Gebührenpflichtiger **P** beim See.
Badeplätze - Große Liegewiesen rund um den See.
Sport & Spaß - Surfen, Segeln, Fußball, Angeln.

Kinder - Rasch abfallendes Ufer, kein Nichtschwimmerbereich.
Essen & Trinken - Kiosk.
Besonderheiten - Ganzjährig gesperrter Seebereich, abgetrennt durch Bojenkette. Östliches Ufer steht unter Naturschutz.
Sehenswertes in der Umgebung - Schlossmuseum Kirchentellinsfurt. Tübingen, Stuttgart, Reutlingen, Bad Urach, Rottenburg, Herrenberg, Schloss Hohenzollern, Schloss Lichtenstein, Wurmlinger Kapelle, ehemaliges Kloster Bebenhausen.

Wie viele andere Baggerseen in der Umgebung ist auch der See bei Kirchentellinsfurt durch den Kiesabbau im Neckartal entstanden. Nach dem Ende der Kiesförderung wurde der See sehr schön als Freizeitbereich angelegt und wird heute als beliebter Badesee genutzt. Vor allem am Wochenende wird er von Sommerfrischlern aus der Region Stuttgart sowie Badefans aus der nahen Universitätsstadt Tübingen bevölkert. Da kann es schon mal ein bisschen eng werden. Auf der westlichen Seite des Sees erstreckt sich eine sehr breite Liegewiese, die auch mit einzelnen Bäumen bestanden ist. Der Zugang zum See erfolgt über kleine Badebuchten und steilere Strandabschnitte. Eine ausgewiesene Nichtschwimmerzone oder einen Planschbereich für Kinder gibt es nicht, daher sollte man die Kleinen gut im Auge behalten, da das Ufer doch relativ steil abfällt. An warmen Wochenenden wird ein Kiosk bewirtschaftet. Ab und an kreuzen ein paar Windsurfer und Segler den See. Am östlichen Ufer ist ein flächenhaftes Naturdenkmal ausgewiesen, der südliche Bereich des Sees, der durch eine Bojenkette abgetrennt ist, darf ganzjährig von Booten und Surfern nicht befahren werden. Weitere Informationen zum Segeln bekommt man bei der Segler-Gemeinschaft-Kirchentellinsfurt, die auch Kurse für Kinder und sonstige Aktivitäten anbietet (www.sgkfurt.de).

Natursee und Freibad in einem - der aus Quellwasser gespeiste See ist ein Paradies für Familien und bietet Erholung und Spaß.

- Stausee: 8,5 ha
- Tiefe: bis 4 m
- Strandbad (Eintritt, ÖZ: 10-20 Uhr, Juli/August: 9-21 Uhr)

ℹ️ Naturbad Ziegeleisee, 73641 Schorndorf, Tel: 07181/481999

Anfahrt - B 29 Stuttgart - Aalen, Abfahrt Schorndorf. - S-Bahn- und Zuganschluss.

Parken - Kostenlose, unbewachte P. Fahrradabstellplätze.

Badeplätze - Große Liegewiese. Rollstuhlgerechter Zugang zum See. DLRG-Überwachung.

Sport & Spaß - Beach-Volleyball, Tischtennis, Fußball.

Kinder - Flach abfallendes Ufer. Beheiztes Nichtschwimmerbecken.

Abgegrenzter Kleinkinderbereich mit Sandstrand. Spielplatz.

Essen & Trinken - Kiosk und Gaststätte.

Besonderheiten - Hundeverbot. Das Mitbringen eines eigenen Grills ist gestattet.

Sehenswertes in der Umgebung - Historische Altstadt Schorndorf. Schwäbisch Gmünd. Waiblingen. Schwabenpark Welzheim. Kloster Lorch.

Der Schorndorfer Ziegeleisee ist eine wahre Oase für Erholungsuchende aus dem Remstal und der weiteren Umgebung, und er ist vor allem für Familien mit Kindern ein ideales Badeausflugsziel. Nicht nur das kühle Nass sorgt hier für Erfrischung! Unter den zahlreichen Bäumen findet jeder ein schattiges Plätzchen, um sich vom Schwimmen oder von anderen sportlichen Aktivitäten auszuruhen. Für ein heißes Match stehen ein Beach-Volleyballfeld, ein Fußballplatz sowie Tischtennisplatten zur Auswahl. Für sportliche Schwimmer wurde neben dem See ein 100 m langes Becken angelegt. Außerdem bietet ein mit Solartechnik beheiztes Nichtschwimmer-

becken sicheren Badespaß für die kleinen Gäste. Die gesamte Umgebung des Sees lässt regelrechte Urlaubsstimmung aufkommen. Die angenehme Wassertemperatur von ca. 25° und der schöne Sandstrand, an dem die Kinder ihre Burgen bauen oder einfach gefahrlos herumtollen können, wecken sicherlich bei vielen Badegästen Erinnerungen an die letzten Ferien am Meer...

Im Remstal gelegenes Badeparadies vor den Toren Stuttgarts (ca. 35 km), zwischen dem Schurwald und dem Welzheimer Wald.

- Baggersee: 3,7 ha
- Tiefe: ca. 3,50 m
- Strandbad (freier Eintritt)

🛈 Gemeinde Plüderhausen, 73655 Plüderhausen, Tel: 07181/80090

Anfahrt - B 29 von Stuttgart bzw. Schwäbisch Gmünd, Abfahrt Waldhausen. - Bahnverbindung bis Plüderhausen. Keine direkte Busverbindung zum See (ca. 20 Min. Fußweg).

Parken - Überwachte, gebührenpflichtige 🅿 direkt am See. Weitere 🅿 am Straßenrand. Abstellplätze für Fahrräder und Motorräder.

Badeplätze - Große Liegewiesen, Badestege und Schwimminsel. Auf der nördlichen Seeseite weitere kleine Liegeflächen. DLRG-überwacht.

Sport & Spaß - Angeln, Tennis- und Minigolfplatz in unmittelbarer Nähe, Wandermöglichkeiten im Schwäbischen Wald und Schurwald. Ballonfahrten.

Kinder - Kinderfreundlicher Badesee mit abgetrenntem Nichtschwimmerbereich und Spielplatz.

Essen & Trinken - Kiosk und Stand mit frischer Pizza. Einkehrmöglichkeiten im Ort.

Besonderheiten - Grillstellen. Hundeverbot.

Sehenswertes in der Umgebung - Kloster Lorch, Wäscherschloss, Schorndorf, Schwäbisch Gmünd, Aalen (s. S. 86).

Der See liegt am östlichen Ortsrand von Plüderhausen, umgeben von Wiesen und kleinen Baumbeständen. Schön angelegte Liegewiesen mit Schatten spendenden Bäumen, Badestege und eine Schwimminsel stehen für die Badegäste bereit. Am Eingang zum Badebereich gibt es gut ausgestattete, sanitäre Einrichtungen mit Umkleiden, Duschen und Toiletten. Ein Kiosk versorgt die Badegäste mit allem, was man für einen Tag am See braucht. Der Andrang ist im Sommer recht groß, da viele Erholungsuchende aus Stuttgart der Hitze in der Stadt entfliehen.

Am Fuße des Elisabethenberges gelegen, ist der Badesee Waldhausen vor allem am Wochenende ein beliebtes Ziel für Erholungsuchende aus dem Remstal und der Umgebung.

- Baggersee: 1,5 ha
- Tiefe: bis 4 m
- Kein Strandbad

ℹ️ Stadt Lorch, 73547 Lorch, Tel: 07172/1801-0

Anfahrt - B 29 Stuttgart - Aalen, Ausfahrt Lorch-Waldhausen. - B 10 Ulm - Stuttgart, in Göppingen B 297 Richtung Lorch. - Bahnanschluss nach Waldhausen, ca. 500 m Fußweg vom Bahnhof zum See.
Parken - Kostenlose und unbewachte P.
Badeplätze - Große Liegewiese. Der See ist für Rollstuhlfahrer zugänglich. Keine DLRG-Überwachung. Kein FKK.

Kinder - Flach abfallendes Ufer.
Essen & Trinken - Kiosk.
Besonderheiten - Hundeverbot. Benutzung von Gasgrills ist erlaubt.
Sehenswertes in der Umgebung - Kloster Lorch. Die historischen Altstädte Schorndorf und Schwäbisch Gmünd. Stauferstadt Göppingen mit der Burgruine Hohenstaufen. Schwabenpark Welzheim. Wanderungen im Naturpark Schwäbisch-Fränkischer Wald.

Nicht weit entfernt vom ebenfalls in diesem Buch vorgestellten Plüderhäuser Badesee (s. S. 85) bietet sich der Badesee in Lorch-Waldhausen als etwas ruhigere Alternative an. Rund um den See gibt es unter zahlreichen Bäumen viel Platz zum Ausruhen im Schatten. Im kühlen Nass lässt man sich gerne auf der Luftmatratze oder im eigenen Gummiboot treiben oder schwimmt im klaren, sauberen Wasser. Obwohl kein Spielplatz vorhanden ist und kein gesonderter Nichtschwimmerbereich abgeteilt wurde, ist der See auch hervorragend für Familien mit Kindern geeignet, da das Ufer flach abfällt. Und wer sagt denn, dass man sich ohne Spielgeräte, Rutschen etc. langweilen muss?

Badespaß zwischen Wiesen und Wald - einst als Hochwasser-Rückhaltebecken angelegt, ist der Eisenbach-Stausee heute ein beliebtes Ziel für Wochenendausflügler.
- Stausee: 1,7 ha
- Tiefe: keine Angaben
- Kein Strandbad

i Bürgermeisteramt, 73553 Alfdorf, Tel: 07172/3090

Anfahrt - B 29 Stuttgart - Aalen, in Lorch Richtung Alfdorf bzw. in Schwäbisch Gmünd B 298 Richtung Gaildorf.
Parken - Kostenlose und unbewachte P.
Badeplätze - Schöne Liegewiese. Zugang zum See für Rollstuhlfahrer nicht möglich. DLRG-Überwachung am Wochenende. Kein FKK.
Sport & Spaß - Angeln.

Kinder - Kein Nichtschwimmerbereich. Rasch abfallendes Ufer.
Essen & Trinken - Kiosk. Einkehrmöglichkeiten in der Nähe.
Besonderheiten - Hundeverbot. Eigener Grill erlaubt.
Sehenswertes in der Umgebung - Historische Altstädte Schwäbisch Gmünd und Schorndorf. Kloster Lorch. Schwabenpark Welzheim. Wanderungen im Naturpark Schwäbisch-Fränkischer Wald.

Der Eisenbach-Stausee liegt - harmonisch eingebettet in die Landschaft - zwischen Wiesen und Wäldern und erfüllt neben seiner Rolle als Naherholungsgebiet die nützliche Funktion als Hochwasser-Rückhaltebecken. Vor allem Badegäste, die Ruhe und Erholung suchen, werden sich hier ohne den Trubel eines Strandbades sehr wohlfühlen. Neben Schwimmern trifft man auch immer wieder Angler, die am Stausee ihr Glück versuchen. Für Familien mit Kindern eignet sich der Eisenbach-

Stausee weniger: Das Ufer fällt relativ abrupt ab, und einen Nichtschwimmerbereich gibt es hier ebenso wenig wie einen Spielplatz. An sanitären Anlagen ist nur ein WC vorhanden. Ein Kiosk versorgt die Badegäste mit süßen und deftigen Kleinigkeiten und erfrischenden Getränken. Außerdem hat man die Wahl zwischen verschiedenen Gasthäusern in der Umgebung. Neben dem Eisenbachsee laden mehrere weitere Seen, idyllische Mühlen und sehenswerte Naturdenkmäler in der herrlichen Gegend sowie der historische Limesweg zu ausgiebigen Wanderungen ein.

Auf geschichtsträchtigem Gebiet, auf dem einst der Limes verlief, tummeln sich heute viele Badegäste rund um den ursprünglich als Hochwasser-Rückhaltebecken konzipierten Aichstruter See.

- Stausee: 4 ha
- Tiefe: bis 2,50 m
- Kein Strandbad

i Gemeindeverwaltung, 73642 Welzheim-Aichstrut, Tel: 07174/8209-0

Anfahrt - B 14/B 29 Stuttgart - Schwäbisch Gmünd, in Lorch oder Schorndorf Richtung Welzheim, dort in den Ortsteil Aichstrut. - Bus von Welzheim nach Aichstrut (nur wenige Male täglich, am Wochenende sehr eingeschränkt).
Parken - Gebührenpflichtige, bewachte P.
Badeplätze - Große Liegewiese. Teilweise rollstuhlgerechter Zugang zum See. DLRG-Überwachung am Wochenende. Kein FKK.

Kinder - Flach abfallendes Ufer. Nichtschwimmerbereich.
Essen & Trinken - Kiosk und weitere Einkehrmöglichkeiten.
Besonderheiten - Leinenzwang und Badeverbot für Hunde. Grillstellen, eigener Grill erlaubt.
Sehenswertes in der Umgebung - Archäologischer Park Ostkastell. Schwabenpark Welzheim. Historische Altstadt Schwäbisch Gmünd. Kloster Lorch. Wandern im Welzheimer Wald.

Nördlich der Limesstadt fügt sich der Aichstruter See harmonisch in die Landschaft des Welzheimer Waldes ein. Wer vor dem (Sonnen-)Baden noch etwas Bewegung braucht, kann auf dem befestigten Weg einmal rund um den See spazieren oder radeln. Die Wiesen am von Bäumen gesäumten Ufer bieten Platz für viele Sonnenhungrige. Über die Sicherheit der Badegäste wacht am Wochenende die DLRG. Für Kinder gibt es zwar keinen Spielplatz, aber am flach abfallenden und damit ungefährlichen Ufer lässt es sich ebenso gut spielen und planschen. Gegen den kleinen Hunger zwischendurch bietet ein Kiosk Snacks und Getränke. Außerdem gibt es Grillstellen, und man darf auch den eigenen Grill auspacken. Auf dem Zeltplatz kann man seinen Aufenthalt am Aichstruter See verlängern und die Ruhe des nächtlichen Sees genießen.

Als „Perle des Schwäbischen Waldes" ist der Ebnisee nicht nur im Sommer ein beliebtes Ziel für Badefans, sondern das ganze Jahr hindurch ein schönes Gebiet für Wanderungen.

- Stausee: 6,7 ha
- Tiefe: bis 5 m
- Kein Strandbad

ℹ️ Forstamt, 73642 Welzheim, Tel: 07182/937040

Anfahrt - B 14/B 29 Stuttgart - Schwäbisch Gmünd, in Schorndorf Richtung Rudersberg und Ebnisee.
Parken - Kostenpflichtige, unbewachte P. Fahrradabstellplätze.
Badeplätze - Schöne Liegewiese. Rollstuhlgerechter Zugang zum See. Wickelraum und behindertengerechte Toilette in der Waldschenke am Nordufer. DLRG-Überwachung am Wochenende. Kein FKK.
Sport & Spaß - Angeln, Ruder- und Tretbootverleih. Am Wirtshaus Fahrradverleih: „Radelspaß an Rems und Murr". Im Winter Schlittschuhverleih sowie Skilift in der Nähe.
Kinder - Kein Nichtschwimmerbereich. Das Nordufer fällt flach ab.

Essen & Trinken - Kioske, Imbiss und weitere Einkehrmöglichkeiten am See.
Besonderheiten - Das Mitbringen von Hunden ist verboten. Das Grillen ist nur an den ausgewiesenen Grillstellen erlaubt.
Sehenswertes in der Umgebung - Sommerrodelbahn. Kaisersbacher Kräuterterrassen. Römerkastelle in Welzheim. Schwabenpark Welzheim. Walterichskirche in Murrhardt. Historische Altstädte Backnang, Schorndorf, Winnenden und Waiblingen. Wandern im Naturpark Schwäbisch-Fränkischer Wald mit zahlreichen Mühlen, Grotten und Wasserfällen.

Umgeben von weitläufigen Mischwäldern, ist der Ebnisee ein wahres Kleinod im Naturpark Schwäbischer Wald. Nicht nur zur Badesaison zieht es viele Erholungsuchende hierher. Es gibt kein ausgewiesenes Strandbad, so dass der See immer von allen Seiten zugänglich ist. Das Nordufer fällt so seicht ab, dass Kinder dort gefahrlos planschen und spielen können. Zudem wird der Badebetrieb am Wochenende von der DLRG überwacht. Die kleinen Badegäste finden in der schönen Umgebung viele Möglichkeiten zum Herumtoben. Am Wirtshaus gibt es einen liebevoll gestalteten Spielplatz. Auch für Sportfans ist der Ebnisee genau das Richtige: Nur 200 m vom See entfernt locken Tennisplätze sowie eine Tennis- und eine Squashhalle zu einem heißen Match. Für das leibliche Wohl sorgen Kioske und ein Imbiss sowie die Gasthäuser, die nicht nur leckere schwäbische Spezialitäten bieten, sondern auch einen herrlichen Blick über den See. Die besondere Atmosphäre des Ebnisees halten auch viele Maler in ihren Bildern fest, die sich am 1. Augustwochenende zur Motivsuche hier treffen.

Der idyllisch gelegene Stausee wird eingerahmt von der herrlichen Landschaft des Naturparks Schwäbisch-Fränkischer Wald.

- Stausee: 2 ha
- Tiefe: bis 3 m
- Kein Strandbad

i Stadtpflege Murrhardt,
71540 Murrhardt,
Tel: 0 71 92 / 213-223

Anfahrt - B 14 Stuttgart - Schwäbisch Hall, Abfahrt Sulzbach/Murr. - A 6 Heilbronn - Nürnberg, AS Neuenstein, Richtung Öhringen/Mainhardt. - Bahn- und Busverbindung, vom Bhf. ca. 20 Min. Fußweg.
Parken - Viele unbewachte P (gebührenpflichtig an Sonn- und Feiertagen in der Saison). Fahrradabstellplätze.
Badeplätze - Liegewiese und Badeinseln. Zugang für Rollstuhlfahrer nur bedingt möglich. DLRG-Überwachung an Wochenenden.
Sport & Spaß - Angeln, Tischtennis, Minigolf, Sommerstockbahn, vielfältige Wandermöglichkeiten im Schwäbisch-Fränkischen Wald.
Kinder - Flach abfallendes Ufer. Nichtschwimmerbereich. Spielplatz, Boxautos und Mini-Eisenbahn.
Essen & Trinken - Imbiss, Kiosk und Gaststätte.
Besonderheiten - Leinenzwang für Hunde. Grillen gestattet.
Sehenswertes in der Umgebung - Historische Altstädte Murrhardt, Schorndorf, Schwäbisch Hall. Hörschbach-Wasserfälle. Schloss Neuenstein. Kloster Lorch.

Auch ohne Strandbad bietet dieser See Badespaß für die ganze Familie in einer schönen Umgebung. Freie Flächen bieten viel Raum, um die Sonne zu genießen, und wer es nicht ganz so heiß mag, findet ein schattiges Plätzchen unter den Bäumen rund um den See. Sanitäre Anlagen (auch behindertengerecht) und Umkleidekabinen sind ausreichend vorhanden. In das kühle Nass gelangt man außer über die Liegewiese auch über Leitern und kann dann zu einer der Badeinseln schwimmen. Außerhalb des Wassers kann man sich bei diversen sportlichen Aktivitäten austoben und zum Beispiel den Tischtennis- und Minigolfschläger schwingen oder Sommer-Stockschießen ausprobieren. Für das leibliche Wohl sorgen ein Imbiss, ein Kiosk und eine Gaststätte. Und da Angeln erlaubt ist, kann man sich vielleicht sogar den eigenen Fang an einer der Grillstellen zubereiten...

Natur pur - am Badesee in Gschwend kann man sich von der Landschaft des Naturparks Schwäbisch-Fränkischer Wald verzaubern lassen und am Seeufer von der Hektik des Alltags abschalten.

- Natursee: 1 ha
- Tiefe: bis 2,80 m
- Kein Strandbad

ℹ️ Gemeindeverwaltung Gschwend, 74417 Gschwend, Tel: 07972/681-0

Anfahrt - B 29 Schwäbisch Gmünd - Aalen, dann B 298 Richtung Gaildorf.

Parken - Kostenlose, unbewachte Ⓟ. Fahrradabstellplätze.

Badeplätze - Große Liegewiese. Zugang zum See für Rollstuhlfahrer nicht möglich. DLRG-Überwachung am Wochenende. Kein FKK.

Sport & Spaß - Volleyball, Tischtennis.

Kinder - Abgeteilter Nichtschwimmerbereich. Flach abfallendes Ufer.

Essen & Trinken - Kiosk.

Besonderheiten - Das Mitbringen von Hunden ist erlaubt. Das Benutzen eines eigenen Grill ist verboten.

Sehenswertes in der Umgebung - Historische Altstädte Schwäbisch Gmünd und Schorndorf. Kloster Lorch. Schwabenpark Welzheim. Wanderungen im Naturpark Schwäbisch-Fränkischer Wald.

Der Gschwender Badesee ist ein Kleinod für stille Genießer. Auf der großen Liegewiese kann man sich in der Sonne aalen oder aber unter den Bäumen Schatten suchen. Hat man genug vom Faulenzen, steigt man über Leitern, Treppen oder den Steg ins Wasser. Da es einen abgeteilten Nichtschwimmerbereich gibt und das Ufer flach abfällt, ist der See auch ein beliebtes Ausflugsziel bei Familien. Für sportliche Schwimmer wurde ebenfalls ein gesonderter Abschnitt geschaffen. Spaß und Action außerhalb des Wassers erlebt man auf dem Volleyballfeld und an den Tischtennisplatten. Auch ohne Strandbad muss man hier auf sanitäre Einrichtungen und Umkleidekabinen nicht verzichten. Außerdem bietet ein Kiosk Getränke und kleine Snacks an.

Der Hammerschmiede-See liegt malerisch im oberen Bühlertal bei Abtsgmünd-Pommertsweiler, umgeben von der schönen Landschaft des Naturparks Schwäbisch-Fränkischer Wald.

- Natursee: 8 ha
- Tiefe: 3 m
- Zugang zum See über den Campingplatz (Eintritt)

i Gemeinde Abtsgmünd, 73453 Abtsgmünd, Tel: 07366/82-0

Anfahrt - B 29 von Stuttgart, in Schwäbisch Gmünd abbiegen nach Abtsgmünd, dort weiter Ri Pommertsweiler. - A 6, AS Schwäbisch Hall, B 19 bzw. AS Crailsheim, B 290, B 19. - A 7, AS Aalen/Westhausen, B 29, B 19.

Parken - Kostenlose **P**.

Badeplätze - Liegewiese. Kein rollstuhlgerechter Zugang zum See. Kein FKK. Keine DLRG-Überwachung.

Sport & Spaß - Surfen, Verleih von Ruderbooten. Schönes Wandergebiet im Naturpark.

Kinder - Flaches Ufer. Kein Nichtschwimmerbereich. Spielplatz.

Essen & Trinken - Imbiss, Kiosk und Einkehrmöglichkeiten.

Besonderheiten - Hunde dürfen nicht ins Wasser. Eigener Grill erlaubt.

Sehenswertes in der Umgebung - Schloss Neubronn, Schloss Hohenstadt mit Wallfahrtskirche, Schloss Laubach („Laubacher Kulturtage"), Schloss Untergröningen.

Weitere Badeseen - Laubach-Stausee: ruhiger, idyllischer Natursee mit Grillstellen.

Ruhig und beschaulich liegt der schöne Natursee inmitten von Wiesen und Baumbeständen. Der Zugang zum Badeplatz ist nur über den Campingplatz möglich, so dass ein geringes Eintrittsgeld verlangt wird. Dafür stellt der Campingplatz die sanitären Einrichtungen und einen Kinderspielplatz zur Verfügung. Auf der gepflegten Liegewiese kann man in der gesunden Luft des Schwäbisch-Fränkischen Waldes einen gemütlichen Badetag verbringen. Ideal zum Ausspannen und Erholen! Wer etwas mehr Action braucht, kann sich beim Campingplatz auch Ruderboote ausleihen oder surfen. Begeisterte Grillmeister können ihren eigenen Grill mitbringen und nach Belieben ihre Steaks brutzeln. Außerdem bietet der See eine wunderbare Möglichkeit zur Erfrischung nach einem Ausflug oder einer Wanderung in der reizvollen Umgebung von Abtsgmünd.

Der Härtsfeldsee liegt eingebettet in die etwas rauhe, aber doch reizvolle Umgebung des gleichnamigen Heidelandes.

- Stausee: 11,5 ha
- Tiefe: bis 5 m
- Kein Strandbad

ℹ Bürgermeisteramt, 89561 Dischingen, Tel: 07327/81-16

Anfahrt - A 7 Ulm - Würzburg, AS Heidenheim, B 466a nach Nattheim, von dort nach Dischingen. - B 16 Günzburg - Donauwörth, Abfahrt Richtung Dischingen in Sontheim/Brenz oder Dillingen.

Parken - Kostenlose, unbewachte ℙ. Fahrradabstellplätze.

Badeplätze - Schöne Liegewiese. Rollstuhlgerechter Zugang zum See. Keine DLRG-Überwachung. Kein FKK.

Sport & Spaß - Angeln, Surfen.

Kinder - Flach abfallendes Ufer.

Essen & Trinken - Kiosk und weitere Einkehrmöglichkeiten.

Besonderheiten - Das Mitbringen von Hunden ist gestattet. Feuerstelle, eigener Grill erlaubt.

Sehenswertes in der Umgebung - Schloss Thurn und Taxis Trugenhofen. Burg Katzenstein. Kloster Neresheim. Stadt Heidenheim mit Schloss Hellenstein. Steiff-Museum Giengen/Brenz. Historische Altstadt Nördlingen.

Sowohl Einheimische als auch Gäste schätzen den Härtsfeldsee als Bade-, Surf-, Ruder- und Angelparadies. Trotz seiner Beliebtheit herrscht hier aber kein Trubel - man kann sich also auf den Wiesen rund um den See auf dem Liegetuch niederlassen und die erholsame Ruhe in der herrlichen Umgebung genießen. Das flach abfallende Ufer wird stellenweise von Schilf gesäumt. Für Kinder steht ein Spielplatz bereit. An sanitären Anlagen sind nur WCs vorhanden, die aber auch für Rollstuhlfahrer zugänglich sind. An der vorhandenen Feuerstelle oder auf dem eigenen Grill kann man sich seine Würstchen brutzeln oder heimische Spezialitäten in den Dischinger Gasthöfen genießen. Außerdem bietet ein Kiosk Snacks und Erfrischungsgetränke an. Ein Ausflug zum Härtsfeldsee lohnt sich aber nicht nur zum Baden: Die schöne Umgebung lädt zu ausgiebigen Wanderungen und Radtouren ein und zahlreiche Bau- und Kulturdenkmäler sind eine Besichtigung wert.

Als größter See der Ellwanger Seenplatte ist der Bucher Stausee ein wahres Bade- und Freizeitparadies. Sport, Spiel und Kultur - hier wird alles geboten.

- Stausee: 27 ha
- Tiefe: 5 m
- Strandbad (kein Eintritt)

i Gemeinde Rainau, 73492 Rainau, Tel: 07961/90020

Anfahrt - B 290 Aalen - Ellwangen. - A 7, AS Aalen/Westhausen, B 290 Ri Ellwangen. - B 19 von Schwäbisch Hall. - B 29 von Stuttgart bzw. Nördlingen. - Bahnverbindung bis Rainau-Schwabsberg, vom Bhf. ca. 25 Min. Fußweg.

Parken - Gebührenpflichtige, unbewachte **P**. Fahrradstellplätze.

Badeplätze - Große Liegewiese. Rollstuhlgerechter Zugang zum See. DLRG-überwacht. Kein FKK.

Sport & Spaß - Segeln, Surfen, Angeln, Trimm-dich-Pfad, Tischtennis. Verleih von Ruder- und Tretbooten.

Kinder - Flach abfallender Sandstrand. Nichtschwimmerzone. Kinderspielplatz.

Essen & Trinken - Seeigel-Kiosk. Imbiss, Einkehrmöglichkeiten.

Besonderheiten - Hundeverbot im Badebereich. Grillstellen (eigener Grill nicht erlaubt). Keine Motorboote.

Sehenswertes in der Umgebung - Limesmuseum in Aalen, Ellwangen, Kapfenburg bei Lauchheim, Dinkelsbühl, Nördlingen, Neresheim, Heidenheim, Schwäbisch Gmünd.

Das sehr schön inmitten von Wald und Feldern angelegte Naherholungsgebiet bietet für jeden Geschmack die richtige Freizeitbeschäftigung. In den vier verschiedenen Zonen des Sees kann man sich sowohl sportlich beim Schwimmen, Segeln, Surfen oder Angeln vergnügen als auch der Kultur frönen beim Erkunden der archäologischen Ausgrabungen. Für Badegäste und Schwimmer besitzt der See im südlichen Teil eine ausgewiesene Badezone mit einem wunderschönen, 150 m langen Sandstrand - eine wahre Rarität in dieser Region. Innerhalb des Badebereichs, der mit Bojen abgegrenzt ist und mit Booten nicht befah-

ren werden darf, gibt es Badeinseln, von denen man einen Sprung ins kühle Nass wagen kann. Für Kleinkinder hingegen ist besonders das flache, sandige Ufer reizvoll, da man dort nach Herzenslust herumtollen, Burgen bauen und matschen kann. Herrlich sind die ausgedehnten Liegewiesen, wo man sich auch ein schattiges Plätzchen unter Bäumen und Sträuchern suchen kann. Außerdem stehen 2 sanitäre Anlagen mit Duschen, WCs und Umkleidekabinen zur Verfügung. Für die Verpflegung am See oder nur für einen kleinen Eisgenuss gibt es beim Badestrand den Seeigel-Kiosk, von dessen großer, teilweise überdachter Terrasse man dem regen Treiben zusehen kann. Hier werden auch „Special-Events" veranstaltet, u. a. das Seefest am zweiten Wochenende im August oder die Opening-Party im Mai. Wer eher Lagerfeuerromantik liebt, kann an mehreren Grillstellen seine Steaks selbst brutzeln.

Über eine rustikale Eichenbrücke gelangt man zum nördlichen Teil des Sees, der v. a. dem Bootssport gewidmet ist. Hier befinden sich Anlegestege und Slipanlagen, die jedem Bootsbesitzer kostenlos zur Verfügung stehen (Informationen zu Liegeplätzen: Rathaus Schwabsberg, 73492 Rainau, Tel: 07961/9002-22). Hier gibt es auch einen Bootsverleih mit Ruder- und Tretbooten. Zudem ist für Surfer ein eigener Bereich ausgewiesen, in dem sie sich ausbreiten können. Ein Kiosk mit überdachter Terrasse versorgt hier die Besucher mit guter Küche und jeglicher Art von Erfrischungen.

Wenn man einen Spaziergang rund um den See macht, kommt man durch ein kurzes Waldstück zum ruhigeren östlichen Steilufer, das aber nicht geeignet ist zum Baden, da hier der Segelbetrieb doch ziemlich stark sein kann. Im Südosten des Sees schließt sich dann das Naturschutzgebiet des Vorbeckens an, in dem Baden ebenfalls nicht erlaubt ist. Diese Zone ist ausschließlich Wanderern, Anglern und Naturliebhabern vorbehalten.

Ein besonderes Augenmerk verdient auch das Archäologische Freilichtmuseum am Rätischen Limes mit den Mauerresten eines Römerbades, dem Eingangstor eines Römerkastells und zwei weiteren Gebäuden. Zwei Aussichtspunkte bieten einen Überblick über das Gebiet, aus dem viele bedeutsame Funde der Römerzeit stammen, die heute im Limesmuseum in Aalen ausgestellt werden.

Umrahmt von der malerischen Landschaft der Ellwanger Berge kann man einen Tag am Kressbachsee in vollen Zügen genießen.

- Stausee: 7 ha
- Tiefe: bis 6 m
- Strandbad (Eintritt, ÖZ: täglich 9-21.30 Uhr)

ℹ️ Tourist-Information,
73479 Ellwangen,
Tel: 07961/84-303

Anfahrt - A 7 Würzburg - Ulm, AS Ellwangen. - A 6 Heilbronn - Nürnberg, AS Crailsheim, B 290 nach Ellwangen. - Bei beiden Anfahrtswegen in Ellwangen der Beschilderung nach Rindelbach folgen.
Parken - Kostenlose, unbewachte P. Fahrradabstellplätze.
Badeplätze - Schöne Liegewiese. Rollstuhlgerechter Zugang zum See. DLRG-Überwachung. Kein FKK.
Sport & Spaß - Angeln, Volleyball.
Kinder - Nichtschwimmerbereich. Flaches Ufer. Spielplatz.

Essen & Trinken - Kiosk.
Besonderheiten - Hundeverbot.
Sehenswertes in der Umgebung - Historische Altstädte Ellwangen, Aalen und Dinkelsbühl. In Ellwangen: Schloss ob Ellwangen, Wallfahrtskirche St. Maria. Röm. Freilichtmuseum Rainau. Schaubergwerk „Tiefer Stollen" Aalen-Wasseralfingen. Schloss Baldern bei Bopfingen. Jagstursprung. Wanderungen in den Ellwanger Bergen.
Weitere Badeseen in der Nähe - Sonnenbachsee in Ellwangen-Pfahlheim.

Mit seinen weitläufigen Liegewiesen, den Stegen und Sprungbrettern, von denen man sich ins kühle Nass stürzen kann, und idealen Gegebenheiten für Kinder ist der Kressbachsee ein beliebtes Ausflugsziel. Nach einem erfrischenden Bad im Stausee, der auch einen gesonderten Abschnitt für Nichtschwimmer aufweist, kann man sich am Badestrand niederlassen, an dem sich freie Flächen mit Schatten spendenden Bäumen und Wäldern abwechseln. Sportbegeisterte lädt das Volleyballfeld zu einem heißen

Match ein. Das flach abfallende Ufer sorgt für die Sicherheit kleiner Badegäste und lockt mit einem Sandbereich viele Kinder zum Buddeln und Burgenbauen. Auf dem Spielplatz können sich die Kleinen nach Herzenslust austoben. Und weil so viel Bewegung an der frischen Luft bekanntlich hungrig und durstig macht, hält ein Kiosk allerhand Leckeres bereit.

Der Degenbachsee liegt ruhig und beschaulich südlich von Crailsheim inmitten von Feldern und Wald.

- Stausee: 7 ha
- Tiefe: 8,50 m
- Kein Strandbad

i Stadt Crailsheim,
74564 Crailsheim,
Tel: 07951/403-0

Anfahrt - B 290 bis Jagstheim. - A 6, AS Crailsheim, B 290. - Buslinie 61, 67 von Crailsheim.
Parken - Ausreichend kostenlose P. Fahrradabstellplätze.
Badeplätze - Breite Liegewiese. Rollstuhlgerechter Zugang zum See. FKK geduldet. DLRG-Überwachung (an Wochenenden und Feiertagen).
Sport & Spaß - Volleyball, Fußball, Angeln.

Kinder - Flaches Ufer. Nichtschwimmerbereich. Spielplatz.
Essen & Trinken - Kiosk und Imbiss.
Besonderheiten - Hundeverbot. Grillstellen. Uferbereiche teilweise wegen Naturschutz gesperrt.
Sehenswertes in der Umgebung - Altstädte von Crailsheim, Dinkelsbühl, Schwäbisch Hall, Ellwangen und Rothenburg o.d.T. Naturpark Jagsttal.

Der schöne naturnahe Stausee liegt östlich von Jagstheim im Wohngebiet Alexandersreut und ist ein Badeparadies für Jung und Alt. Auf der gepflegten Liegewiese kann man sich sowohl in der Sonne bräunen als auch unter Schatten spendenden Bäumen seine Freizeit genießen. Ideal ist der See für Kinder, da das Ufer flach abfällt und es einen abgegrenzten Nichtschwimmerbereich gibt. Auf dem Kinderspielplatz können sich die Kleinen austoben, ansonsten stehen ein Volleyball- und Fußballplatz zur Verfügung. An den stark besuchten Wochenenden kann die Kapazität der sanitären Anlagen überschritten werden.

Der Neumühlsee besticht vor allem durch seine Lage in der lieblichen Hohenloher Landschaft und bietet Ruhe und Erholung.
- Natursee: 4,5 ha
- Tiefe: bis 5 m
- Kein Strandbad

ℹ️ Bürgermeisteramt,
74638 Waldenburg,
Tel: 07942/108-0

Anfahrt - A 6 Heilbronn - Nürnberg, AS Kupferzell. - B 298/B 19 Schwäbisch Gmünd - Schwäbisch Hall - Bad Mergentheim.
Parken - Kostenlose, unbewachte P. Abstellmöglichkeit für Fahrräder.
Badeplätze - Weitläufige Liegewiese. Rollstuhlgerechter Zugang zum See. DLRG-Überwachung nur sonntags.
Sport & Spaß - Angeln. Schlauchboote ohne feste Außenteile erlaubt.

Kinder - Abgegrenzter Badebereich für Kinder. Spielplatz.
Essen & Trinken - Kiosk, Imbiss und weitere Einkehrmöglichkeiten.
Besonderheiten - Hundeverbot. Das Mitbringen eines eigenen Grills ist erlaubt.
Sehenswertes in der Umgebung - Schwäbisch Hall. Hohenloher Freilandmuseum Wackertshofen. Wasserschloss Neuenstein mit Hohenlohe-Museum. Schloss Tierberg bei Langenburg.

Der Neumühlsee ist wegen seiner Lage inmitten von Wäldern und Wiesen vor allem ein beliebtes Ziel für Badefans, die die Idylle eines Natursees schätzen. Doch auch ohne ausgewiesenes Strandbad muss man hier auf sanitäre Anlagen und Umkleidekabinen, die zum Teil für Rollstuhlfahrer zugänglich sind, nicht verzichten. Auch für das leibliche Wohl ist mit einem Imbiss, einem Kiosk und weiteren Einkehrmöglichkeiten gesorgt. Außerdem kann man sich selbst an der Grillstelle oder auf dem eigenen Grill etwas Leckeres brutzeln. Besonders für Familien ist der See sicherlich ein reizvolles Ziel für den Wochenendausflug: Am flach abfal-

lenden, abgegrenzten Uferbereich können sich Kinder gefahrlos aufhalten und sich nach dem Planschen im seichten Wasser auf dem Spielplatz austoben. Angenehmen Schatten oder einen Platz an der Sonne findet man auf der großen Wiese oder auf den Sitzgelegenheiten direkt am See, wo man den Blick übers Wasser streifen lassen und die Idylle in vollen Zügen genießen kann...

Am Fuße der Löwensteiner Berge im Naturpark Schwäbisch-Fränkischer Wald gelegen, zieht der Breitenauer See viele Erholungsuchende an.

- Stausee: 38 ha
- Tiefe: 16 m
- Strandbad (Eintritt, ÖZ: 8-22.45 Uhr)

Zweckverband Breitenauer See, 74182 Obersulm, Tel: 07130/400116

Anfahrt - A 81, AS Weinsberg, Obersulm. - A 6, AS Bretzfeld. - B 14, B 39 von Schwäbisch Hall bzw. Murrhardt.

Parken - Zahlreiche kostenlose P am See.

Badeplätze - Liegeflächen mit Bäumen. Rollstuhlgerechter Zugang zum See. Kein FKK. DLRG-überwacht.

Sport & Spaß - Tret- und Ruderbootverleih, Segeln, Surfen, Angeln, Tauchen. Verschiedene Spielgeräte für Kinder, Fußball, Volleyball, Tischtennis, Korbball. Herrliches Wandergebiet im Naturpark.

Kinder - Flach abfallender Strand und Abenteuerspielplatz.

Essen & Trinken - Kiosk und Imbiss mit Seeterrasse.

Besonderheiten - Campingplatz der Spitzenklasse. Uferbereiche teilweise wegen Naturschutz gesperrt. Hundeverbot. Grillen erlaubt. Keine Motorboote.

Sehenswertes in der Umgebung - Synagoge Affaltrach, Burg Löwenstein, Schulmuseum Weiler.

Ursprünglich als Rückhaltebecken angelegt, ist der Breitenauer See heute die Sommeridylle der Stadt Heilbronn. Seine Lage ist wunderschön und die Infrastruktur am See ist äußerst zufriedenstellend. Das gepflegte Strandbad mit seiner breiten Liegewiese bietet alle Annehmlichkeiten für einen Tag am See: sanitäre Einrichtungen (auch für Behinderte), Kiosk, Imbiss, Spielgeräte für Kinder, Tret- und Ruderbootverleih sowie zahlreiche Sportmöglichkeiten. Ideal ist der See auch für Kinder, da der Uferbereich flach abfällt. Zwar gibt es keinen abgetrennten Nichtschwimmerbereich, aber eine 1m-Tiefenanzeige markiert den flacheren Bereich. Besonderer Beliebtheit erfreuen sich die Badeinseln, von denen man ins kühle Nass springen kann.

Der in der malerischen Landschaft zwischen Stromberg und Heuchelberg gelegende Stausee verbindet das Angenehme mit dem Nützlichen: Das zum Hochwasserschutz für das Zabergäu angelegte Gewässer ist ein beliebtes Ziel für Wanderer und Badegäste.

- Stausee: 14 ha
- Tiefe: bis 8 m
- Kein Strandbad

🅸 Bürgermeisteramt, Schlossberg 5, 74374 Zaberfeld, Tel: 07046/9626-0

Anfahrt - B 27 Stuttgart - Heilbronn, von Lauffen a. N. weiter über Brackenheim. - B 293 Bretten - Heilbronn, Ausfahrt Eppingen.
Parken - Kostenlose, unbewachte 🅿. Fahrradabstellplätze.
Badeplätze - Große Liegewiese. Rollstuhlgerechter Zugang zum See. Keine DLRG-Überwachung.
Sport & Spaß - Angeln, Minigolf.
Kinder - Flacher Uferbereich.

Essen & Trinken - Kiosk, Imbiss und weitere Einkehrmöglichkeiten.
Besonderheiten - Hundeverbot. Grillen untersagt.
Sehenswertes in der Umgebung - Heilbronn. Weltkulturerbe Kloster Maulbronn. Wandern im Naturpark Stromberg-Heuchelberg.
Weitere Badeseen in der Nähe - Rückhaltebecken Katzenbach. Rückhaltebecken Michelbach.

Inmitten von Feldern und Waldgebieten gelegen, zieht die Ehmetsklinge Badefans aus nah und fern an. Aber nicht nur für „Wasserratten" ist hier etwas geboten: Mit etwas Glück können Angler einen guten Fang machen! Obwohl es kein ausgewiesenes Strandbad gibt, bietet der Stausee genug Vergnügungen für einen erlebnisreichen Tag. Über die weitläufigen Liegewiesen, auf denen sich auch der größere Besucherandrang am Wochenende gut verteilt, erreicht man das kühle Nass und kann auf einer der Badeinseln die Sonne genießen. Wer nach dem Schwimmen noch nicht genug hat, schwingt auf der nahen Anlage den Minigolfschläger. Komfort bringen die sanitären Anlagen (auch behindertengerechtes WC). Und sollte einen nach frischer Luft und Bewegung der Hunger packen, findet man bei der ansässigen Gastronomie sicherlich etwas nach seinem Geschmack - oder brät sich an einer Grillstelle ein Würstchen!

Nicht nur das altehrwürdige Kloster ist in Maulbronn sehenswert - auch dieser Badesee ist ein wahres Kleinod!

- Natursee: 2,5 ha
- Tiefe: bis 4 m
- Strandbad (Eintritt, ÖZ: täglich 10-19 Uhr, Saison: Ende Mai bis Mitte September)

i Stadtverwaltung, 75433 Maulbronn, Tel: 07043/103-0

Anfahrt - B 10 Stuttgart - Pforzheim bis Mühlacker, dann B 35 nach Maulbronn. Hier Richtung Zaisersweiher abbiegen. - Busverbindungen von Mühlacker bzw. Bretten. Haltestelle Maulbronn-Kloster ca. 300 m vom See entfernt.

Parken - Kostenlose, unbewachte **P**. Fahrradabstellplätze.

Badeplätze - Große Liegewiese. Kein rollstuhlgerechter Zugang zum See. Überwachung durch Bademeister, am Wochenende zusätzlich DLRG. Kein FKK.

Sport & Spaß - Tret- und Ruderbootverleih. Tischtennis. Tischfußball.

Kinder - Abgeteilter Nichtschwimmerbereich. Spielplatz.

Essen & Trinken - Kiosk.

Besonderheiten - Hundeverbot. Mitbringen eines Grills untersagt.

Sehenswertes in der Umgebung - Kloster Maulbronn (UNESCO-Weltkulturerbe). Freizeitpark Tripsdrill bei Cleebronn. Schönes Wandergebiet im Naturpark Stromberg-Heuchelberg.

Bei einem Ausflug zum Tiefen See lassen sich Badespaß und Kulturerlebnis kombinieren. Nur wenige hundert Meter entfernt steht mit dem Kloster Maulbronn eine Sehenswürdigkeit erster Güte. Nach der Besichtigung lädt der Tiefe See zu einem erfrischenden Bad ein. Abkühlung kann man sich auf der Liegewiese schon einmal im Schatten unter den Bäumen verschaffen, bevor man sich über Treppen in das kühle Nass des Natursees begibt. Im See kann man dann auf einer der Badeinseln eine Pause einlegen. Obwohl es einen abgeteilten Nichtschwimmerbereich gibt, sollte man auf seine Kinder achten, da das Ufer rasch abfällt. Gefahrlos können sich die kleinen Badegäste hingegen auf dem Spielplatz bewegen. Bei den größeren Besuchern sorgt ein Tischtennis-Match oder eine Partie Tischfußball für Abwechslung. Wer gemütlich über den See dahintreiben möchte, mietet sich ein Tret- oder Ruderboot.

86 Badesee Hollenbach

Der naturnahe Stausee mit dem benachbarten Campingplatz liegt zwischen Bad Mergentheim und Künzelsau, umgeben von Feldern und Wald.

- Stausee: 2,5 ha
- Tiefe: bis 3 m
- Kein Strandbad

ℹ️ Waldcamping Hollenbacher See,
74673 Mulfingen-Hollenbach, Tel: 07938/7272

Anfahrt - B 19 Schwäbisch Hall - Würzburg, Abfahrt Hollenbach. - A 81, AS Boxberg, über Bad Mergentheim. - A 6, AS Kupferzell, B 19. - Buslinie ab Bad Mergentheim.
Parken - Viele kostenlose 🅿 in der Nähe des Sees. Fahrradstellplätze.
Badeplätze - Große Liegewiese, Badestege und 2 Schwimminseln. Rollstuhlgerechter Zugang zum See. Keine DLRG-Überwachung.
Sport & Spaß - Bootsverleih, Tisch-tennis, Surfen (auch Kurse möglich), Angeln, schönes Wandergebiet.
Kinder - Abgetrennter Nichtschwimmerbereich und Spielplatz.
Essen & Trinken - Kiosk und Imbiss direkt am See.
Besonderheiten - Kein Hundeverbot. Grillen erlaubt.
Sehenswertes in der Umgebung - Bad Mergentheim, Schloss Bartenstein, Schloss Weikersheim, Krautheim.

Der etwas außerhalb von Hollenbach, am Waldrand gelegene See eignet sich bestens für einen Sprung ins erfrischende Nass. Obwohl er kein Strandbad besitzt, stehen hier gute (auch behindertengerechte) sanitäre Einrichtungen mit Duschen und WCs zur Verfügung. Die ausgedehnte Liegewiese schließt sich direkt an den See an und bietet teilweise auch Plätze im Schatten. Der See ist ideal geeignet für Kinder, da sie sich im flach abfallenden Uferbereich und in der abgetrennten Nichtschwimmerzone ohne Risiko aufhalten können. Für die Kleinen gibt es außerdem einen Spielplatz. Die Großen können sich auf den Badeinseln und an den Stegen vergnügen, Boot fahren oder sich beim Surfen versuchen. Selbst im Winter ist noch etwas geboten am Hollenbacher See: Dann tummeln sich hier nämlich Eisläufer und Eisstockschützen.

Dass der Taubergrund eine wunderschöne Landschaft zu bieten hat, ist bekannt - und mitten in dieser herrlichen Umgebung liegt dieser ruhige Natursee!

- Natursee: 1,3 ha
- Tiefe: bis 2,50 m
- Kein Strandbad

i Informations- und Kulturamt, 97996 Niederstetten, Tel: 07932/91020

Anfahrt - B 290 Bad Mergentheim - Crailsheim, weiter über Niederstetten nach Rinderfeld. - A 7 Würzburg - Ulm, AS Rothenburg o. d. T.
Parken - Kostenlose, unbewachte P. Fahrradabstellplätze.
Badeplätze - Schöne Liegewiese. Teilweise rollstuhlgerechter Zugang zum See. DLRG-Überwachung. Kein FKK.
Kinder - Flacher Uferbereich.

Essen & Trinken - Kiosk.
Besonderheiten - Hundeverbot.
Sehenswertes in der Umgebung - Bad Mergentheim mit Deutschordensschloss. Weikersheim mit Schloss. Creglingen. Burg Bartenstein. Zahlreiche Wander- und Radwandermöglichkeiten im Lieblichen Taubertal. Viele Sehenswürdigkeiten an der Romantischen Straße.

Wer gerne an einem kleinen See die Ruhe und die schöne Landschaft genießt, ist genau richtig am Rinderfelder Badesee! Der See lockt zwar vor allem am Wochenende viele Besucher an, aber da es sich um einen reinen Badesee handelt und außerhalb des Wassers keine weiteren Sportanlagen vorhanden sind, halten sich Lärm und „Action" in Grenzen. Eltern sollten daran denken, für ihre Kinder Spielzeug in die Badetasche zu packen, weil es keinen Spielplatz und keine Spielgeräte im Wasser gibt. Das Ufer ist jedoch - auch ohne gesonderten Nichtschwimmerbereich - so flach, dass Kinder dort ohne Gefahr spielen und planschen können. Getränke und Snacks bietet ein Kiosk an. An einer der Grillstellen oder auf dem eigenen Grill kann man sich aber auch selbst etwas Leckeres zubereiten!

Die im Frühjahr 2002 eröffnete Anlage bietet alles, was einen schönen Tag am Badesee ausmacht - und noch ein bisschen mehr!

- Stausee: 2,5 ha
- Tiefe: bis 3 m
- Kostenloses Strandbad; ÖZ nicht begrenzt

ℹ️ Tourist-Information, 97991 Creglingen, Tel: 07933/631

Anfahrt - A 81 Heilbronn - Nürnberg, AS Boxberg, weiter über Bad Mergentheim und Weikersheim.
Parken - Viele kostenlose, unbewachte P. Fahrradabstellplätze.
Badeplätze - Große Liegewiese, kleiner Kiesstrand. Rollstuhlgerechter Zugang zum See. DLRG-Überwachung.
Sport & Spaß - Barfußpfad mit Trimm-dich-Stationen. Kneippbecken. Nur Schlauchboote ohne feste Außenteile erlaubt.

Kinder - Nichtschwimmerbereich. Flach abfallendes Ufer. Wasserspielplatz. Spielgeräte im Wasser.
Essen & Trinken - Kiosk und Imbiss.
Besonderheiten - Hundeverbot. Mitbringen eines Grills erlaubt.
Sehenswertes in der Umgebung - In Creglingen: Fingerhut-Museum, Riemenschneider-Altar. Bad Mergentheim. Rothenburg o. d. T. Schloss Weikersheim. Wandern im Taubergrund.

Das neu gestaltete Freizeit- und Erholungsgebiet Münsterseen verbindet zwei Seen, die jeweils ihren ganz eigenen Reiz besitzen. Der obere Stausee bietet Natur pur. Hier kann man durch die Wiesen streifen, am Bachlauf entlang spazieren und den Vogelstimmen lauschen. Freizeitspaß bietet der 300 m entfernte und etwas unterhalb liegende Badesee. Auf weitläufigen, terrassenförmig angelegten Liegewiesen kann man sich hier sonnen oder ein schattiges Plätzchen suchen. Der kleine Kiesstrand lässt Urlaubserinnerungen erwachen. Neu ist der Wasserspielplatz, wo die kleinen Badegäste spielen und planschen können. In die künstlichen Wasserläufe sind Spielgeräte wie Schaufel- und Schöpfräder, eine Kinderseilfähre, ein Fontänenhüpfer und eine Seilbrücke integriert. Die Verbindung zwischen den beiden Seen wurde durch einen originellen Barfußpfad geschaffen. Das Erlebnis unterschiedlicher Bodenbeläge

wie Mulch, Erde, Kies, Pflastersteine und Platten soll die ganzheitliche Wahrnehmung fördern. Braucht man nach diesen neuen Eindrücken und nach sportlicher Betätigung mit den Trimm-dich-Geräten etwas Abkühlung, hilft ein Fußbad im Kneippbecken. Der Kiosk sorgt nicht nur mit Speisen und Getränken für das leibliche Wohl, sondern stellt auch sanitäre Anlagen zur Verfügung.

Karrodsee

„Klein aber fein" - so könnte man diesen beliebten, südöstlich von Creglingen gelegenen Badesee beschreiben!

- Natursee: 1,5 ha
- Tiefe: bis 2 m
- Kein Strandbad

Anfahrt - s. S. 104. Der See liegt an der K 2868 zwischen den Stadtteilen Schonach und Schmerbach.
Parken - Kostenlose P.
Badeplätze - Liegewiese. Zugang zum See für Rollstuhlfahrer nicht möglich. Keine DLRG-Überwachung.

Sport & Spaß - Nur Schlauchboote ohne feste Außenteile erlaubt.
Kinder - Nichtschwimmerbereich. Flaches Ufer. Klettergerüst.
Besonderheiten - Hundeverbot. Grillstellen, eigener Grill erlaubt.
Sehenswertes in der Umgebung - s. S. 104.

Wer es ruhiger mag als an den Münsterseen, für den ist der Karrodsee das Richtige. Zwar gibt es weder sanitäre Einrichtungen noch Gastronomie, aber dafür kann man hier den eigenen Grill auspacken und sein Mittag- oder Abendessen selbst zubereiten. Für ein ungefährliches Badevergnügen vor allem für Kinder sorgt ein abgegrenzter Nichtschwimmerbereich, in den für sicheren Stand eine Betonplatte in den Boden eingelassen ist. Außerdem können die kleinen Gäste ein Klettergerüst erklimmen.

Schwarzenbronner See

Ruhig am Ortsrand von Schwarzenbronn gelegen, ist der Natursee ebenfalls eine richtige kleine Oase.

- Natursee: 1,5 ha
- Tiefe: bis 3 m
- Kein Strandbad

Anfahrt - s. S. 104.
Parken - Kostenlose P.
Badeplätze - Liegewiese. Kein rollstuhlgerechter Zugang zum See. Keine DLRG-Überwachung.

Kinder - Nichtschwimmerbereich. Kleiner Spielplatz.
Besonderheiten - Hundeverbot.
Sehenswertes in der Umgebung - s. S. 104.

Der Schwarzenbronner See bietet seinen Besuchern viel Ruhe und Erholung ohne den Trubel eines Strandbades. Vom weitgehend naturbelassenen Ufer gelangt man über Treppen ins kühle Nass. Für Familien mit Kindern ist der See gut geeignet, da ein separater Nichtschwimmerbereich vorhanden ist. Weitere Abwechslung für Kinder bietet ein kleiner Spielplatz. Einkehrmöglichkeiten gibt es im Ort, so dass man den Badeaufenthalt auch mit einem Spaziergang nach Schwarzenbronn verbinden kann.

Im schönen Maintal, zwischen Spessart und Odenwald gelegen, kann man an diesem Badesee einen erlebnisreichen Tag verbringen.
- Baggersee: ca. 2 ha
- Tiefe: bis 6 m
- Strandbad (Eintritt, ÖZ: Mai bis September, täglich 9-20 Uhr)

ℹ️ Bürgermeisteramt Freudenberg, 97896 Freudenberg, Tel: 09375/9200-0

Anfahrt - A 3 Aschaffenburg - Würzburg, AS Marktheidenfeld oder Wertheim. - B 469 Aschaffenburg - Amorbach, Abfahrt Obernburg oder Miltenberg. - Busverbindungen von Würzburg, Miltenberg und Wertheim, ca. 400 m Fußweg von der Haltestelle zum See.
Parken - Viele kostenlose, unbewachte P. Fahrradabstellplätze.
Badeplätze - Große Liegewiese. Rollstuhlgerechter Zugang zum See. Überwachung durch Bademeister und DLRG. Kein FKK.
Sport & Spaß - Fußball, Tischtennis, Beach-Volleyball, Basketball.

Kinder - Flach abfallendes Ufer. Abgeteilter Nichtschwimmerbereich. Spielplatz. Spielgeräte im Wasser. Schlangenrutsche.
Essen & Trinken - Café-Restaurant. Kiosk.
Besonderheiten - Hundeverbot. Eigener Grill untersagt. Sonnenschirmverleih.
Sehenswertes in der Umgebung - Historische Altstadt, Museen und Burgruine Freudenberg. Rauch-Zoo (10 Min. Fußweg vom See, kostenlos). Schiffsfahrten auf dem Main. Ausflüge in den Odenwald und den Spessart.

Ob man am Anglersee auf einen guten Fang hofft, auf dem Surfsee über die Wellen treibt, im Vogelschutzgebiet Natur pur genießt oder am Badesee an heißen Sommertagen Abkühlung sucht - der Freizeitpark Freudenberg hält für jeden den richtigen Zeitvertreib bereit. In das kühle Nass des von Quellwasser gespeisten Badesees kommt man vom Strand über Treppen oder - etwas rasanter - über die Rutsche oder vom Sprungturm. Für Kinder gibt es eine bunte Schlangenrutsche. Ein Wasserpilz bringt spritzige Erfrischung, und auf dem Spielplatz kann man nach Herzenslust toben. Die Sandkästen sind durch entsprechende Segel vor der Sonne geschützt. Auch für die Großen bietet der See viel Abwechslung. Auf der weitläufigen Liegewiese kann man herrlich faulenzen. Sportliche können sich bei Beach-Volleyball, Basketball, Tischtennis und Fußball verausgaben und die entsprechenden Geräte auch mieten. Seine Treffsicherheit kann man in der Nähe des Sees beim Bogen- oder Luftgewehrschießen testen. Sanitäre Anlagen und Umkleidekabinen runden das komfortable Angebot ab. Für das leibliche Wohl sorgen ein Kiosk und ein Restaurant. Wer länger am See bleiben möchte, stellt sein Zelt oder Wohnmobil auf dem Campingplatz ab!

Impressum

Redaktion   Heidrun Moser, Heidi Schlegel
Grafik, Layout Sandra Lengwenus
Karte   cartomedia, Karlsruhe
Titelfoto   Freizeitcenter Oberrhein

Bildnachweise: Archiv Stadt Hemsbach (S. 7); Stadt Weinheim (S. 8); Gemeinde Heddesheim (S. 9); Imago Konzeption & Gestaltung, Walldorf (S. 10 u. 11); Helmut Pfeifer/H+B Presse Bild (S. 12 u. 13); Zweckverband Lußheim (S. 14); Gemeinde Oberhausen-Rheinhausen (S. 15); Manfred Reeb, Philippsburg (S. 16 u. 17); Gemeinde Dettenheim (S. 18); Frank Werner/Gemeinde Kronau (S. 19); Thomas Simonis, Bad Schönborn (S. 20); Stefan Bellm (S. 21); Gemeinde Forst (S. 22 u. 23); Dennis Kleinbub/SUNLIGHT, Ettlingen (S. 24); Rastatter Freizeitparadies (S. 25); Rolf Schneider, Sinzheim (S. 26); Heinz Wiersbitzki (S. 27 oben); Gemeinde Hügelsheim (S. 27 unten); Andreas Müller, Freudenstadt (S. 28); Ingrid Breil (S. 29); Stadt Achern (S. 30); Archiv Gemeinde Forbach (S. 31); Gemeinde Seewald (S. 32 u. 33); Stadt Altensteig (S. 34); Klaus Schwarze (S. 35); Gemeinde Schutterwald (S. 36); Gemeindearchiv Friesenheim/Campingplatz „Baggersee Schuttern" (S. 37); Werner Bader, Lahr (S. 38); Rolf Stein/Gemeinde Teningen (S. 39); Siegfried Hufnagel, Bötzingen (S. 40); Camping Tunisee (S. 42); Strandbad Silbersee (S. 43); Archiv Stadt Vogtsburg i. K. (S. 44); Rüdiger Buhl, Freiburg (S. 45); Tourist-Information Schonach (S. 46); Tourist-Information St. Georgen (S. 47); Heinrich Schwörer (S. 48); Erich Spiegelhalter, Freiburg (S. 49 u. 50); Tourist-Information Feldberg (S. 51); Tourist-Information Schluchsee (S. 52 u. 53); Siegfried Grammel, Grafenhausen (S. 54); Roland Sigwart, Hüfingen (S. 55); Fotoarchiv Insel Mainau (S. 56); Gemeinde Salem (S. 59); Rupert Leser (S. 60); Gästeamt Argenbühl (S. 61); Gebhard Wagner, Isny-Beuren (S. 62); Dominikus Miller, Leutkirch (S. 63); Gäste- und Kulturamt Kißlegg (S. 64); Berthold Leupholz, Ortsverwaltung Eintürnen (S. 65); Stadt Bad Waldsee (S. 66); Städt. Kurverwaltung Aulendorf (S. 67); Josef Ege, Bad Schussenried (S. 68 u. 69); Gemeinde Ummendorf (S. 70); Ernst Fesseler (S. 71); Stadt Laupheim (S. 73); Stadt Erbach (S. 74); Stefan Hofmann, Rottenacker (S. 75); Gemeinde Hoßkirch (S. 77); Archiv Gemeinde Illmensee (S. 78); Rüdiger Hartmann (S. 79); Gemeinde Krauchenwies (S. 80); Gemeinde Winterlingen (S. 81); Rolf Uttenweiler/Touristikgemeinschaft Oberes Schlichemtal (S. 82); Hannes Hämmerle, Reutlingen (S. 83); Eberhard Marx (S. 84); Walter Schlotz (S. 85); Stadt Lorch (S. 86); Wasserverband Kocher-Lein (S. 87 u. 88); Privat (S. 89); Waldseebetriebe Murrhardt (S. 90); Gemeinde Gschwend (S. 91); Familie Hug (S. 92 links unten); Gemeinde Abtsgmünd (S. 92 rechts unten); Gemeinde Dischingen (S. 93); Gemeinde Rainau (S. 94 u. 95); Foto Zirlik (S. 96); Kurt Meiser (S. 97); Peter Hartel, Braunsbach (S. 98); Dieter Schweizer (S. 99); Gemeinde Zaberfeld (S. 100); Stadtarchiv Maulbronn (S. 101); Werner Palmert (S. 102); Alexander Böltz (S. 103); Klaus Hein (S. 104); Franz Hoffmann (S. 106)

Die Deutsche Bibliothek – CIP-Einheitsaufnahme

Die schönsten Badeseen in Baden-Württemberg : [Badespaß im kühlen Nass ; Freizeitparadies Badesee ; Anreise, Verkehrsverbindungen, Parkplätze, Bademöglichkeiten, Naturschutz, Sehenswürdigkeiten] / hrsg. von Emmerich Müller.
- 1. Aufl. - Plüderhausen : Drei Brunnen, 2002
    ISBN 3-7956-0275-0

ISBN 3-7956-0275-0
1. Auflage 2002